SER SOCIAL

INTERNET, CONSUMO Y GLOBALIZACIÓN

MATÍAS CORICIANO

SER SOCIAL

INTERNET, CONSUMO Y GLOBALIZACIÓN

INTERNET: MASIFICACIÓN Y SUS CONSECUENCIAS

EXCLUSIÓN DIGITAL Y DERECHOS HUMANOS

SERVICIO ESENCIAL VERSUS MONOPOLIOS

CONSUMO Y MERCADO DIGITAL

ACOSO PUBLICITARIO

PROTECCIÓN DE DATOS PERSONALES Y MERCADO NEGRO DE DATOS

INTELIGENCIA ARTIFICIAL

LAS REDES SOCIALES Y LA ADICCIÓN CREADA

LAS IDEOLOGÍAS DE CONSUMO

FAKE NEWS

PORNO VENGANZA

5G: ¿UN MEJOR SERVICIO PARA UN MAYOR CONTROL?

TRIBUNALES

EDICIONES

Coriciano, Matías
  Ser Social : internet, consumo y globalización
  1a ed. - Ciudad Autónoma de Buenos Aires : Tribunales, 2021.
  140 p. ; 23 x 16 cm.
  ISBN 978-987-3695-43-8
  1. Internet. 2. Redes Sociales. 3. Acoso. I. Título.
  CDD 302.231

© Noviembre 2021
Tribunales   Ediciones
(054-11) 15-3231-7464
www.tribunalesediciones.com.ar
tribunalesediciones@gmail.com

INTRODUCCIÓN

Con el despliegue de las computadoras en la vida cotidiana y el posterior avenimiento de Internet, los seres humanos hemos adquirido nuevos hábitos y costumbres para sobrellevar nuestra supervivencia. Nos vimos en el cambio de lo analógico a lo digital, de lo físico a lo intangible, y, sin embargo, hoy nos seguimos sorprendiendo. Quién iba a decir que llevar a cabo las compras en un futuro desde la comodidad de nuestros hogares, sin tener que trasladarnos al local y tener que ver si el producto se encuentra disponible, sería posible.

Las esperas se terminaron; las lejanías se acercaron. Con las nuevas tecnologías de la comunicación, la globalización se hizo presente y acaparó el planeta en el que vivimos para comunicarnos sin fronteras ni pasaportes. Mensajes, llamadas y videoconferencias suplieron el tradicional sistema de mensajería postal, y en breves segundos nos acercan desde cualquier parte en la que nos encontremos.

Los trabajos mutaron sus recursos y modalidades, se hicieron grandes amigos del uso de herramientas informáticas que les permiten reducir costos, brindar mejores resultados y optimizar sus medios. Al mismo tiempo, surgieron nuevos conceptos de labor y nuevas formas de llevarla a cabo, que antes hubieren sido impensadas, como el trabajo a distancia. El mercado se expandió hacia todo el globo y lanzó la apertura de sus vidrieras los trescientos sesenta y cinco días del año, las veinticuatro horas al día. Los compradores y los vendedores estrecharon sus vínculos gracias a la aparición del comercio digital. El área del marketing afrontó nuevos desafíos y evolucionó al nivel de la tecnología. Nuevas apariciones, como el comercio social y el marketing digital, reflejan las consecuencias de un mundo posmoderno.

La evolución de la telefonía hogareña hacia teléfonos portátiles y, posteriormente, a teléfonos inteligentes, sin dudas fue uno de los fenómenos más trascendentales para la ciencia. El teléfono inteligente ha cambiado la comunicación y la vida cotidiana de manera sin igual. Permitirse hablar, enviar mensajes, captar fotos y videos, consultar cuentas bancarias, realizar compras y hasta tener un servicio de mapas y GPS, a punto tal que no cabría en la cabeza humana de hace unas décadas atrás. Si nos hubieran dicho que íbamos a tener prácticamente gran parte de nuestros quehaceres en la palma de la mano, hubiésemos creído que eso sería imposible.

Ciertos aspectos de la vida lentamente fueron mutando hacia lo digital y el sistema en línea. La aparición de las plataformas de redes sociales fue el detonante para que la privacidad diese un paso al costado y se trace un camino en el cual mostrar constantemente lo que uno piensa o realiza sea una necesidad pública. Con éstas surgieron nuevas conductas frente al aburrimiento, entre ellas, la de tener que publicitar contenido u observar lo que otros dicen o hacen.

La aparición de los monopolios que garantizan el acceso a Internet, su dominio y exclusión social, repercutirán de forma siniestra en la sociedad acaparando un mercado restrictivo. El acceso a esta cobertura como un derecho humano y las distancias entre quienes pueden acceder a una mejor calidad de tecnología serán puntos clave para el progreso humano.

Los desiertos legales respecto de las nuevas modalidades delictivas y su sofisticada mutación en la era digital ponen en riesgo la estructura ciudadana y avasallan la intimidad y la privacidad.

La nueva era a la que nos enfrentamos requerirá de la cooperación unísona de los Estados, los privados y los ciudadanos, para que su transitar sea lo menos perjudicial para el ser humano, nos afiancemos con la tecnología mediante la educación, nos hagamos de dispositivos eficientes y tomemos el ejemplo del uso consciente de la tecnología para hacer de ésta una herramienta aliada.

Capítulo IV
LOS DATOS Y LA INTELIGENCIA ARTIFICIAL

Capítulo V
LAS REDES SOCIALES Y SUS USUARIOS

Capítulo VI
LAS REDES SOCIALES COMO MÉTODO
DE EXPOSICIÓN. MENTIRAS Y VERDADES.
PROBLEMAS DE ADICCIÓN

Capítulo VII
UN NUEVO SERVICIO PARA UN MEJOR PORVENIR

BREVE APÉNDICE LEGAL DE SUMA RELEVANCIA

<h1 style="text-align:center">Capítulo I</h1>

<h2 style="text-align:center">INTERNET: NOCIONES Y ACCESO AL SERVICIO</h2>

1. DE LA PALABRA INTERNET

Cualquier intento por hablar del desarrollo de la tecnología de la comunicación proporcionada por la conexión a la red tal cual como la conocemos en estos momentos debe comenzar haciendo referencia al origen y surgimiento de la denominación de la palabra *Internet*. Dicho vocablo tuvo su aparición y posterior desarrollo dentro del seno de la lengua anglosajona, acuñado como el resultado de la conjunción de dos palabras que ya convivían entre sí. Por un lado, encontramos el término *inter* –que propiamente quiere decir *dentro*— y, por el otro, un término acotado de la palabra *network*, que es el conocido como *net*[1] –que significa *red*—, por lo que, traducido a la lengua española, significaría, ni más ni menos, que *"dentro de la red"*. No obstante, esta terminología resulta ser un producto bastante novedoso y contemporáneo, que se concibe hacia finales del siglo XX, y que no fue sino hasta el año 1974 que el término se empleó por primera vez de la mano de Vinton Cerf, quien, junto a Robert Kahn, fueron los creadores del protocolo TCP/IP[2] tan solo un año antes.

Hoy, la palabra creada por estos dos científicos de la ciencia informática, se ha esparcido en nuestro vocabulario actual para hacer referencia, de una forma vulgar, al servicio de conexión de red que permite el acceso a la World Wide Web[3], y, aunque su traducción a la lengua española *"dentro de la red"* sea llamativa, el término ha de seguir siendo empleado en su lengua original.

Para no confundirse, la WWW fue creada por Tim Berners – Lee, y consta de una extensa colección de páginas que se encuentran en la red,

---

[1] La palabra *net* hace referencia a *network*, que significa "red electrónica".

[2] Transmission Control Protocol / Internet Protocol.

[3] Se ha desarrollado una limitación de la palabra que, en lo general, pretende denominar a Internet como el acceso a la *Red Informática Mundial*.

las que, al momento de navegar en su búsqueda, lo hacemos gracias a la posibilidad de conexión que nos facilita Internet. Resumidamente, Internet es la telaraña que nos permite desplazarnos por el mundo virtual conectando dispositivos de un punto a otro, y la WWW es el conjunto de páginas al cual accedemos.

Con la creación del Protocolo de Internet (desde ahora, Internet) se produjo la migración de diversas estructuras analógicas a la órbita digital, para la transmisión electrónica de datos de una computadora a otra, como resultó ser el caso de la escritura de textos, que tuvo su desplazamiento del formato en papel, o la transformación de la fluidez y formas en las comunicaciones, cambiando, de esta manera, la escena mundial del trabajo y la industria, la educación, el esparcimiento y las relaciones sociales para siempre.

2. UN PEQUEÑO GRAN IMPACTO

En la vida, cuando algo nuevo llega y se presenta en sociedad, se torna tímido y silencioso. Puede observarse que los recién llegados a un nuevo puesto de trabajo se amoldan a la estructura laboral vigente. Aquel que llega de visita a cierto lugar se adecúa a las reglas constituidas en dicho espacio. Quienes asisten a un evento se deben adaptar a las normas que establece el espectáculo. Pero con la llegada de Internet, en cambio, pudimos ver que ha sido el rebelde de la segunda mitad del siglo XX. La puesta en escena de este servicio puso al mundo bajo sus pies y, al contrario de lo sucedido en cualquier situación de las nombradas anteriormente, el mundo entero tuvo que adaptarse a éste (y sigue haciéndolo hoy en día y de maneras abruptas), para cambiar su forma de vida, de trabajar y de relacionarse socialmente en base a lo que esta gran red propuso y sigue proponiendo.

El curso que ha tomado Internet durante el transcurso de estos años fue evolucionando a niveles exorbitantes, demostrando que es la revolución intangible más grande que pudo lograr el ingenio humano hasta el momento, luego de la electricidad, que es fuente vital para su funcionamiento. Asimismo, esto se puede apreciar en que la realización del contenido que circula en Internet no discrimina edades, religiones ni fronteras, y está presente, en diferente medida, en todas las comunidades, conectando a todos por igual en un mundo virtual que, con el correr del calendario, resulta cada vez más indispensable.

Esto no quiere decir que el acceso al servicio de Internet sea universal. Éste puede verse limitado por distintas razones, entre las que cabe mencionar las restricciones de ciertos grupos sociales para acceder a él por no contar con los medios económicos requeridos por las compañías prestadoras, o por encontrarse acotado en ciertos Estados que aplican medidas dictatoriales de control social (léase policía del pensamiento), o también por la deficiente estructura en zonas alejadas de las grandes urbes, que las torna antieconómicas para las prestadoras.

Empero, lo concreto es que la pugna de Internet por apoderarse del mundo y ser un servicio indispensable para nuestras vidas representa una batalla silenciosa y sin sangre. La estructura busca que, de igual manera a lo acontecido durante las grandes conquistas del siglo XV hacia el continente Americano, se desplacen y se corrompan los usos y costumbres establecidos en un modelo social ya constituido y consolidado, para instalar un modelo inédito al cual someterse bajo sus propios usos y reglas, creando, de esta forma, nuevos paradigmas sociales.

3. EL DÍA MUNDIAL DE INTERNET

Con este nuevo modelo social constituido, establecido y consolidado, como todo el aparato globalizado en el que nos encontramos viviendo y al que fuimos accediendo durante el transcurso del siglo pasado, sobre todo luego de ya entrada la segunda mitad de éste, Internet, como el motor actual del *check in check out* digital globalizado, no podía quedar afuera y no poseer su propio día de reconocimiento y celebración. Originalmente, su primera celebración se realizó un 25 de octubre del año 2005, el que fue propuesto, impulsado y puesto en marcha a través de la Asociación de Usuarios de Internet de España.

La propuesta de tener este día de celebración fue tan novedosa y llamativa que sin más reparos y ya para noviembre del mismo año, al realizarse la Cumbre Mundial sobre la Sociedad de la Información en Túnez[4], se decidió incluir a Internet como un servicio dentro de la telecomunicación, y fue por este motivo que, sin más dilaciones, le fue solicitado a la Asamblea General de las Naciones Unidas que declare la incorporación de Internet al festejo del 17 de mayo, fecha en la cual se celebra el *Día Mundial de las Telecomunicaciones* desde el año 1969.

Ahora bien, por la implicancia que conllevaba la incorporación de Internet a este evento de celebración, en noviembre del 2006, como parte

---

[4] El objetivo que tenía la cumbre era el de erradicar las distancias existentes respecto del acceso a las tecnologías de la información y las comunicaciones, principalmente las existentes entre las telecomunicaciones e Internet.

de la Conferencia de Plenipotenciarios de la UIT en Antalya, decidieron que ya no se podía seguir utilizando la misma denominación para este día, y fue entonces el desencadenante para que aquel pase a conocerse como el *Día Mundial de las Telecomunicaciones y la Sociedad de la Información,* el cual comenzó a celebrarse bajo esta denominación desde aquel momento.

4. EL ACCESO DESDE TERMINALES FIJAS EN ARGENTINA

Para entender el fenómeno de las telecomunicaciones y la información, al que la sociedad, y sobre todo en aquellas regiones metropolitanas, le abrió las puertas de sus hogares y lugares de trabajo, vamos a tener que centrarnos en las estadísticas. Sería necio continuar hablando del servicio de Internet si no se hiciera referencia a los puntos de terminales de conexión, tanto fijas como móviles, que en estos momentos conectan nuestros dispositivos.

El siguiente cuadro, en el cual se detalla el acceso a Internet en Argentina durante los últimos cinco años[5], tanto desde terminales residenciales como desde terminales de carácter organizacional, propone reflexionar acerca de las variantes en aumento que presenta el acceso a la conexión.

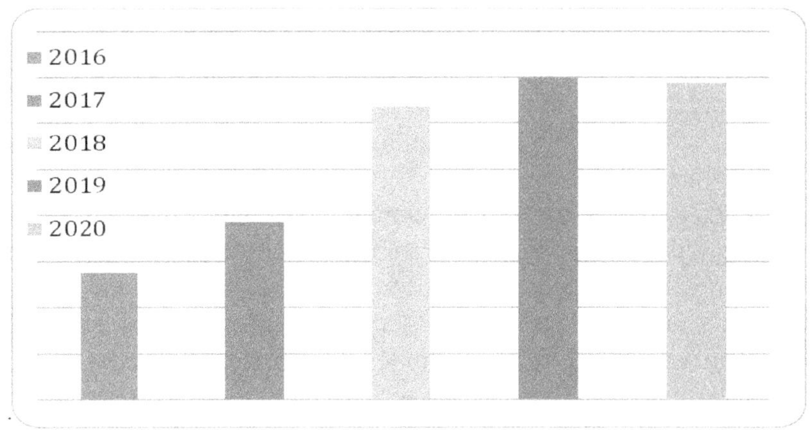

Solamente observando este gráfico, podemos ver que la curva de crecimiento se encuentra año tras año en auge. El acceso a Internet desde terminales fijas (residenciales y organizacionales) para el mes de junio del

---

[5] Para llevar a cabo el relevamiento se utilizará el mes de junio de cada año como punto de referencia. Asimismo, la información obtenida pertenece a los datos publicados por el Instituto Nacional de Estadísticas y Censos (INDEC).

2016, supo alcanzar el número de 6.736.378, y para el mismo mes del año 2019, se ha visto un incremento que alcanza a las 7.499.094 terminales de acceso.

En lo que atañe al año 2020, se observa una leve reducción de conexiones, que se ubican en la cifra de 7.489.466, pero no es un detalle menor que en parte de este semestre se haya suscitado la pandemia mundial del COVID-19, la que condujo a. el confinamiento obligatorio de la población; la reducción de tareas laborales, tanto públicas como privadas; y una crisis económica que llevó al cierre de establecimientos, con afectación de ciertos sectores de la industria y el comercio, y la consiguiente reducción salarial y despido de trabajadores.

Este conjunto de situaciones imprevistas y restrictivas de la capacidad económica conllevó a que en ciertos grupos se viera necesaria la reducción de sus consumos en ciertos servicios que se tornan difíciles de soportar.

Salvando estas distancias, se puede contemplar que, año tras año, existe un crecimiento progresivo de acceso a la conectividad, lo que provoca un avance social en cuanto a la incorporación de sujetos al mundo digital, y que resulta de una consecuencia en la evolución diaria del consumo divergente de la red enchufada a diversos dispositivos.

5. EL ACCESO DESDE TERMINALES MÓVILES EN ARGENTINA

De la misma forma observada con relación al incremento en el acceso a Internet desde terminales fijas, ahora llega el turno de visualizar el de los accesos desde terminales móviles, representado en el gráfico que a continuación se expone.

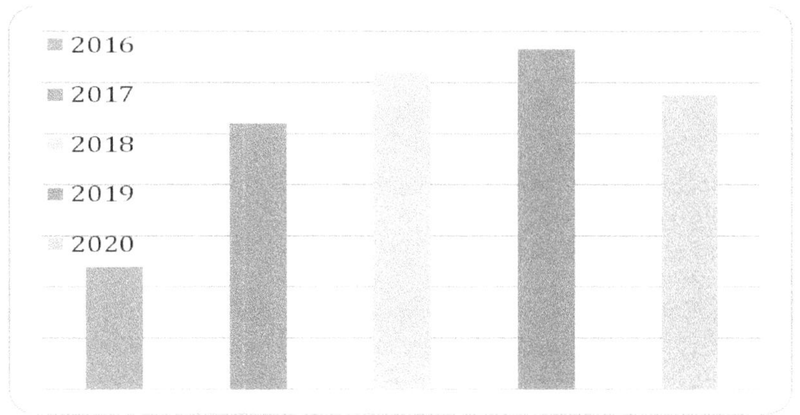

Como podemos observar, para el año 2016, la cantidad de terminales móviles con las que se contaba para el acceso a Internet era de 27.392.161, y que en apenas unos años el número ascendió a 30.762.908. Este acceso, al igual que con las terminales fijas, ha sufrido una baja respecto del mismo semestre del 2019, en un -2.9%, a consecuencia del mismo suceso ya narrado.

Ahora mirando el cuadro y siguiendo las estadísticas, se puede distinguir una gran brecha que se divide entre el acceso a terminales fijas y el acceso a terminales móviles, en el que este último supera en más de un 400% a la primera. A simple vista ello arroja un resultado que deja ver que dos tercios de los usuarios en esta república cuentan con acceso a Internet en sus dispositivos móviles, siendo un número que, en un país subdesarrollado tecnológicamente, resulta muy extenso.

Por otro lado, se debe reconocer que hoy en día un teléfono móvil inteligente presenta similares características y funcionalidades que las de una computadora de escritorio, e incluso, ha logrado que ciertas plataformas solo puedan correrse con todas sus prestaciones[6] al ciento por ciento solamente en estos últimos, por las que en algunas ocasiones estas plataformas de servicios son necesarias, ya que se encuentran conectadas a otras funciones del móvil[7], sirviéndoles de complemento.

El abultado uso de teléfonos inteligentes con prestaciones cada día más eficientes, que a su vez se van entrelazando con otros dispositivos para los quehaceres diarios, verán la consecuencia de necesitar un servicio que se irá masificando con el correr del tiempo, y en donde los prestadores del acceso a terminales móviles deberán poner el ojo para que esta conectividad resulte sólida y eficiente.

6. CARÁCTER ACTIVO Y PASIVO

Mientras el mundo de la computación se disponía a evolucionar tecnológicamente, el flujo de datos se acrecentaba, y con este aparecían los correos electrónicos, los procesadores de texto, las nuevas modalidades de

---

[6] Ocurre con la red social Instagram, donde la publicación de contenido se genera desde el teléfono móvil.

[7] En el caso de la plataforma de compraventa de Mercado Libre, ocurre que al encontrarse asociado el número telefónico personal del usuario a la cuenta, las preguntas y respuestas que se desarrollan dentro de la publicación son alertadas mediante un mensaje de texto, para brindar una mejor satisfacción en la relación de consumo.

comercio digital, las redes sociales y las transmisiones vía *streaming*. La condición de Internet en el mundo cedió de ocupar un carácter pasivo de flujos de datos dentro de una universidad, a un rol activo sin precedentes.

Aquella red diseñada para luego de la segunda mitad del siglo XX, que transmitía datos universitarios, tuvo que correr el riesgo de convertirse en el servicio que corrompió el mundo que habitamos, y darle una cuarta revolución industrial al sistema global. Si el ser humano creía que existía un plano terrenal y un plano divino, el carácter activo de Internet inició la creación de un tercer plano, el *"digital"*. Al igual que el plano terrenal,

Internet cobra vida y constituye una parte fundamental de la de sus operadores; incluso, algunos suelen tomar muy en serio lo que allí sucede, como otros suelen mostrarse como quisieran ser realmente. La reciente incorporación de inteligencia artificial al mecanismo global de Internet, le está brindado mayor rendimiento y mejoras de resultados en cuanto a la cantidad de contenido para procesar que se genera constantemente. Asimismo, la implementación del acceso desde distintos dispositivos y la evolución en las prestaciones ha generado una mayor presencia de terminales de conexión y flujo de datos en la actividad diaria, por lo que cada vez se percibe más el carácter de su rol activo. Un rol asombroso que se encuentra moviendo los hilos mundiales, tanto en lo económico, lo social, como lo cultural.

Capítulo II

LA MASIFICACIÓN Y SUS CONSECUENCIAS

1. LAS CONSECUENCIAS DE NECESITAR UN SERVICIO MASIFICADO

El hecho de utilizar la red de forma masiva y sin reparos como una herramienta, propone una desigualdad de accesibilidad para la prestación del servicio en un riguroso sendero. La intensidad con la que los usuarios conectan su vida a la red, se ve entorpecida con la distribución equitativa del servicio de conexión. Internet no solo se sumerge en nuestro ámbito del trabajo, el de la educación o el de la investigación, sino que con el desarrollo continuo de la tecnología fue incorporándose dentro de nuestros vehículos, dándole vida a androides, y hasta ha llegado a entremeterse en artefactos de cocina para comunicarnos en qué momento la cena se encuentra lista.

Como consecuencia de este avance exponencial, no resulta menor tener que decir que la distribución del servicio de Internet, que hoy nos obliga en todos los ámbitos de la vida a formar parte de él y que cada día lo remodelan para fingir ser aún más esencial y dependiente, no está siendo regulado de forma segura y equitativa para que todos los ciudadanos puedan incorporarlo a sus vidas. El mercado se encuentra con apenas un puñado de grupos económicos que manejan su distribución, y que han logrado capitalizar todo el terreno de esta prestación del servicio.

Al disponer de la centralización del servicio para un (contado con los dedos) grupo de empresas, los valores para las prestaciones irradiados por estas compañías terminan en un acto de especulación en un mercado liberal basado en la oferta y demanda, por lo que se genera, al mismo tiempo que a los clientes se les presenta la limitación de optar por un servicio único que se abona a través de una cuota mensualmente pautada (ya fuere que se utilice de forma continua o de forma alternada), lo que evidentemente resulta ser una cuestión de contradicción cuando apelamos al empleo en el manejo de las prestaciones y el cobro de los demás servicios para los cuales el usuario abona por el consumo medido que genera su uso (gas, electricidad, etc.). Otro punto que nos lleva a destacar en la prestación que ofrecen las compañías se presenta en la privación de poder hacer uso del traslado de la conexión del destino en el que se encuentra instalado, hacia otro punto al que nos desplacemos, como puede suceder al momento de tomar vacaciones y dirigirnos a otro domicilio, lo que genera que nosotros, por esta ocasión en que nos encontraremos ausentes, debamos abonar el servicio como si hubiésemos estado prescindiendo de él.

Sabemos, aunque a veces nos resulta indiferente, que se vive y se es partícipe de una sociedad donde las fluctuaciones económicas del Estado, las crisis sociales y el desempleo son síndromes recurrentes, y consecuencias por las cuales se expande la brecha de la desigualdad social, en donde el usuario de Internet, al encontrarse ante estas problemáticas, debe reconsiderar si su nueva condición económica a la que es sometido lo deja continuar o simplemente debe extinguir la relación de consumo con el proveedor, por verse afectado en sus ingresos y no considerarlo esencial.

Teniendo en cuenta estas circunstancias, hay que tomar en consideración que, hoy por hoy, tanto las búsquedas para puestos laborales –que están dándose dentro de plataformas específicas en las cuales las empresas y pymes anuncian la necesidad de incorporación de personal—, como el trabajo diario que se realiza en concreto y las nuevas modalidades en la formación educacional y comunicacional, se encuentran sometidas a este mundo digital hiperconectado gracias a los servicios de conexión a Internet. Entonces ¿hasta qué punto se le puede proponer a los sujetos de nuestra sociedad que realicen una búsqueda laboral activa, que realicen sus tareas laborales, tengan acceso a la educación y se comuniquen ofreciendo sus servicios, si no cuentan con el medio económico para adquirir esta prestación, que es hoy de índole imperiosamente necesaria? Evidentemente a estas alturas la conexión a la red ha virado de una prestación exclusiva para un determinado sector minúsculo que deseaba pertenecer a un elitista grupo específico que podía darse el lujo de estar interconectado, a una necesidad básica universal para ciertos aspectos fundamentales del progreso humano, tanto individual como colectivo de toda la sociedad.

2. INTERNET COMO UN DERECHO HUMANO

A diferencia de otros derechos que han ido emergiendo a lo largo de la historia, los que han sido partícipes de grandes consecuencias para los paradigmas sociales establecidos de la humanidad, y de una pelea constante sostenida en el tiempo, la declaración de Internet como un derecho humano tuvo la suerte de verse catalogado con este rango sin afrontar dificultosos senderos, como el de muchos de sus pares.

La promoción, protección y el disfrute de los derechos humanos en Internet fue parte de la resolución propuesta por el consejo de Derechos Humanos de las Naciones Unidas que explica el acceso a Internet como un derecho básico, y que a su vez los Estados sean los encargados de promover el acceso de sus ciudadanos a la red. Uno de los destacados puntos es aquel que argumenta que deberá respetarse la libertad de expresión y que se deberá dar la misma protección de aquellos derechos que se encuentran fuera del mundo digital a los que están línea. Esto logra resaltar el punto de que el servicio de Internet es un sistema carente de barreras fronterizas, y que en su interior no existe una forma determinada de expresión.

La ONU advierte y reconoce que este derecho básico está catalogado con la potestad suficiente de ser nombrado y reconocido como un derecho humano debido a que es una herramienta que *favorece el crecimiento y el progreso de la sociedad en su conjunto*. Y aunque lo resuelto por las Naciones Unidas no tenga carácter vinculante para los Estados, hay países, como Holanda, que ya han decidido tomar la delantera y han declarado a Internet como un servicio básico esencial. Al respecto de esto, en el año dos mil dieciséis, Henk Kamp, ministro del Consejo Económico y Social de este país, cuestionó la importancia de este servicio, sosteniendo que *"sin esta tecnología, nuestra economía se estancaría, los consumidores y las empresas necesitan acceder a los servicios a través de Internet inalámbrico"*. Es más que evidente que esta explicación que brinda Kamp, demuestra que el nuevo paradigma de conectividad, sea esta individual y/o colectiva que se está afrontando, viene a advertir sobre la prioridad al acceso a Internet que deben sufragar los países y sus ciudadanos para poder integrarse a la nueva era digital, que ha logrado revolucionar el mundo, y que, además, advierte de la necesidad de un Internet inalámbrico que ya desplaza al anticuado sistema de cableado.

Entre otros casos se encuentra el ejemplo de Estonia, que fue el primer país en declarar Internet como un derecho humano básico, obligando el

Estado al sector público y privado a suministrarlo en todo el país. En Finlandia, la Ley de Mercado de Telecomunicaciones obliga a que los operadores proporcionen una conexión a Internet de calidad y a un precio razonable. Francia, al declarar Internet como un derecho, argumenta que es un motor de crecimiento económico y un vector de libertad y democracia. En cuanto a Latinoamérica, Costa Rica ha impuesto, gracias a la Ley General de Telecomunicaciones, que todos los usuarios deben poder disponer de datos que sean funcionales para el acceso a Internet.

En resumidas cuentas, tomando los dichos de la ONU y con una sutil mirada a la realidad, Internet es la nueva puerta al progreso individual y social, que en esta etapa nuestro planeta se encuentra encarando. De esta forma queda demostrado que hoy, para pertenecer, hay que estar conectado, o quedarse a la deriva dejando que la vida le haga ver qué rumbo tomar.

3. PRECARIZACIÓN DIGITAL ¿UN EXCLUYENTE SOCIAL?

Siguiendo las líneas anteriores, no se ha de incurrir en dudas de que la falta de posibilidades de un acceso tecnológico a nivel personal, y ante la falta de intervención a nivel estatal, genera una negativa de exclusión social que extiende y profundiza la brecha de la desigualdad de oportunidades, y en cierto modo pone en riesgo las disposiciones del derecho internacional de los derechos humanos. Los considerados *derechos humanos fundamentales* presentan características que protegen las condiciones básicas que hacen al ser humano en su condición de tal[8]. Los derechos centrales de este eje son aquellos atinentes a la *libertad de los individuos, la justicia y la paz*, no solo de cierta sociedad, sino del mundo, y que crean condiciones de plena igualdad[9]. La Organización de las Naciones Unidas, asimismo,

---

[8] Cabe aclarar que después de la Revolución Francesa, en 1789, se observa un principio de lo que podemos llamar *le droit humain,* donde se desarrolla quizás una de las frases más célebres de la historia: *"Liberté, egalité, fraternité",* aunque con un reparo cultural todavía moderado en cuanto a que la esclavitud de la población negra en Francia seguía vigente. Posteriormente se apreciará que en la *"Bill of rights"* de los Estados Unidos, entrada en vigor el 15 de diciembre de 1791, se adopta esta frase de la Revolución Francesa y se comienza a moldear un próspero futuro de lo que serán los derechos humanos. Misma situación se adoptará en nuestra *Constitución de la Confederación* de 1853, y por último, esto culmina con La Declaración Universal de los Derechos Humanos de 1948.

[9] Libertad, Justicia y Paz para la igualdad se desprende del preámbulo de la Declaración Universal de los Derechos Humanos de 1948.

resalta que estos no presentaran distinciones frente a la raza, origen étnico, nacionalidad, lengua, religión o cualquier otra condición. Claramente hay que hacer referencia que, al igual que la libertad, *el trabajo y la educación* tienen carácter de derecho humano.

Este es un punto primordial dentro del cual se puede reconocer que la precarización digital constituye un factor accesorio para la limitación laboral, como también lo hace para con las limitaciones en materia educacional y comunicacional. Claramente, esta accesibilidad no solo tiene que ver con el servicio de la conexión a Internet, sino que va mucho más allá dentro del mundo digital, que atañe a cuestiones de equipamiento y herramientas informáticas para poder expandirse en la nueva era.

Por un lado, se necesita implementar una *educación digital* que instruya a los usuarios presentes y futuros, como aquellas generaciones que nacieron fuera de la red, a que puedan desarrollarse plena y conscientemente en línea abarcando situaciones como el uso seguro y positivo de Internet y de las plataformas que en él se desenvuelven; las normativas que rigen para el mundo digital interior y exterior, y las consecuencias jurídicas que pueden comprender; los aspectos que hacen a la ciberseguridad, para la prevención del delito informático; y los recaudos a tomar ante la información que circula dentro de la red y cómo ésta afecta y repercute en nuestros estados emocionales, entre otras.

En este camino educacional debe lograrse hacer incursión para el fomento del estudio de carreras universitarias relacionadas con la ciencia de la informática y de los datos, y junto a esto dar a conocer las posibilidades laborales que pueden tener sus graduados, ya sea dentro del área de la investigación científica como del área del desarrollo y su implementación. Más allá de la educación profesional, se requiere un abordaje de políticas de Estado que impacten en las enseñanzas escolares obligatorias de los niveles primarios y secundarios –tanto de gestión estatal como de gestión privada— para reducir la distancia de desigualdades y carencias tecnológicas *"primarias"*[10]*,* que les permitan a los estudiantes contar con herramientas básicas indispensables de la era digital.

Prosiguiendo, por otro lado, se observa que hay una necesidad urgente en ofrecer insumos digitales para tareas de educación y laborales que sean

---

[10] A consecuencia de un mundo *"híper globalizado"*, como resultado de Internet y el acrecimiento tecnológico, es indispensable hablar de carencias *"primarias"* en cuanto al acceso básico al servicio de Internet, educación mínima que permita distinguir aquellas situaciones que pueden comprometer legalmente a los usuarios, el aprendizaje óptimo de programas digitales de uso cotidiano para la búsqueda y el desarrollo laboral.

los adecuados, y que sus prestaciones otorguen determinada solidez y eficiencia. Hay que remarcar que, en cuanto a los costos de estos aparatos, deben resultar accesibles económicamente para que permitan poder sumergirse en este universo virtual. Lamentablemente, como consecuencia de la falta de infraestructura industrial tecnológica que brinden estas características, ciertos productos demandan recurrir, a un amplio sector de usuarios y consumidores, a un mercado externo que le permita la compra de insumos que presenten mejores prestaciones y tecnología actualizada de vanguardia.

Dentro de este combo, tanto la cuestión laboral como la educacional, y por qué no la comunicacional, terminan viéndose afectadas y desproporcionadas entre quienes pueden acceder a una mejor educación digital y a un mejor equipamiento de productos que le permitan desarrollar plenamente estas actividades, frente a aquellos segmentos sociales y etarios que por falta de infraestructura y posibilidades económicas se ven desplazados hacia un universo virtual deficiente y poco fructífero.

Me animo a decir que esto que está sucediendo no es algo que no hayamos leído o visto su paso por la gran pantalla, en menor escala, obviamente, y quizás no o quizás sí, sea el principio de una nueva era. Las novelas literarias de John Shirley o Bruce Sterling, y películas como Blade Runner o Terminator, se encuentran clasificadas en el interior del género del *Cyberpunk,* dentro del cual la idea es mostrar de manera ficticia mundos distópicos con el lema de *"Low life, high tech".* Para este género, la vida de nuestro planeta transcurre sobre escenarios en los cuales la tecnología que sostiene al mundo presenta un crecimiento de alta calidad, y el acceso a disponer de ella es solamente para unos pocos afortunados, mientras que por el otro lado y como consecuencia directa, el progreso de la especie humana se ve arrastrado a transcurrir entre la miseria y el caos constante para poder sobrellevar su existencia diaria. Lo que parecía una ficción, literalmente se está convirtiendo en una realidad que va dejando cada vez más mortales en el camino de la ignorancia y la pobreza tecnológica, sin oportunidades de acceso al nuevo mundo. José Saramago sostenía que *"no solo hay desigualdad en la distribución de la riqueza, sino en la satisfacción de las necesidades básicas".*

4. INTERNET COMO SERVICIO ESENCIAL. ¿QUÉ PASA CON LOS MONOPOLIOS?

La evolución tecnológica que se desenvuelve con el correr del tiempo, y que viene en compañía de la necesidad de estar continuamente conectados a la red, pone de manifiesto el relieve que presentan ciertos Estados nacionales, que resultan avanzados culturalmente en materia tecnológica y que desde hace unos años nos dejan apreciar que la prestación del servicio de Internet, al igual que sucede con el acceso al servicio de corriente eléctrica en nuestro país, es considerada un elemento básico e imprescindible de la humanidad moderna, como sucede en el caso de Canadá.

El hecho de existir una doble vida que cumple ciertos roles en el espacio físico y ciertos otros en el digital, y de esta manera, en muchas oportunidades, se ven comprometidos a entrelazarse, implica que para esta segunda vida digital sea de carácter obligatorio contar con acceso al servicio de Internet para asuntos de índole laboral, financiero, familiar y de esparcimiento, que conlleva a desembolsar grandes sumas pecuniarias, que, en muchos de los casos, podrían ser destinadas a otras cuestiones. Las personas se ven obligadas a malgastar sus ingresos en compañías (las que, en la mayoría de los casos, suelen ser grupos económicos que capitalizan todas las prestaciones del servicio) que ofrecen una conexión de Internet a dispositivos móviles, y otra conexión a una red hogareña, por lo que el sujeto, para el mismo resultado, malgasta dos veces en un mismo servicio, sin contar si debe habilitar otra conexión en un lugar de trabajo.

El monopolio de esta estructura de comunicación posiciona a los prestadores a manipular los precios y la calidad del servicio a criterio propio y sin reparos. A su vez, y siendo uno de los temas más importantes de los cuales nunca se abre a debate, se refleja el modo de financiamiento que ofrecen las compañías. Se le ofrece al usuario un servicio o paquete de servicios con un monto final calculado en base a un mes calendario en el cual el contrato de adhesión propuesto no puede ser modificado, lo que hace que deba concluir en *aceptarlo o no aceptarlo*. Seguido a esto, el precio del servicio no contempla la cantidad de días que contiene el mes, siendo lo mismo febrero que marzo o abril. Y por último y a colación, el servicio se brinda por una determinada suma fija y no en base al consumo, como pueden ser otros, por lo cual no existe una tabla de precios actualizados de los MB ofrecidos, donde el consumidor pueda observar el gasto periódico, lo que implica que, al momento de cortes de servicios por arreglos o fallas, los consumidores no puedan saber realmente a qué bonificación en la falta de prestación tendrán derecho.

Hoy, las grandes compañías de telecomunicaciones son las encargadas de promover, además del servicio de Internet, los locales de telefonía móvil, telefonía hogareña (lo que a esta altura resulta una especie en extinción), los de televisión por cable o satelital (que a la brevedad tendrán el mismo destino que la telefonía hogareña gracias a la era del *streaming*), e incluso algunas también tienen participación (o son propietarias) en medios masivos de comunicación. Por lo visto, estas megaempresas, más allá de ser las distribuidoras de Internet, son las que se encuentran manejando las conexiones de las personas en interfaz a la información y la comunicación.

Esto sucede a nivel global y no es una característica precisa de un país en concreto, por lo que hay que tener en cuenta que, muchas veces, estas empresas se instalan en diversas regiones con un nombre diferente, y que tras esta falsa pantalla son operarias dependientes de un mismo controlador supra estatal. Ya no solo hay monopolios que capitalizan el mercado nacional, si no que han logrado perfeccionarlo para llevarlo a niveles más complejos como los regionales o continentales.

Entonces, y a modo de unas breves palabras, se debe entender que Internet ha dejado de ser un servicio de privilegio como puede resultar el de la televisión por cable. Que el hecho de estar obligadamente incorporado a la metodología de trabajo, a la educación y a la comunicación, necesitará de protocolos más estrictos en cuanto a la accesibilidad y la distribución equitativa del servicio. Que el problema ocasionado por los monopolios hace que el mercado se vea acotado a un cada vez más reducido grupo de prestadores, que a su vez determina las imposiciones en las modalidades y condiciones de contratación entre el cliente y la empresa. Que, de igual manera, son quienes imponen las condiciones para la prestación del servicio. Y por qué no, también observar que cuentan con la fuerza monopólica de imponerse en el rubro de las telecomunicaciones, y con esto avasallar al pequeño distribuidor, ganándole la competencia en el lugar de operaciones, o incluso en otros de los casos, comprándoles las empresas y así adueñarse de la distribución única de sus servicios.

Si existe realmente una política de Estado de bienestar que crea en el ascenso personal y la igualdad de oportunidades, y que viene acompañado de puntos clave, como es el sistema de salud o el sistema de educación que tiene nuestro país, de ser de gestión pública y gratuita, este Estado benefactor debería comenzar a buscar una solución y brindar un servicio de Internet que cumpla los rasgos básicos para una conectividad laboral, educacional y comunicacional como servicio público esencial para afianzar el progreso social. A su vez y como sucede en las otras disciplinas, que las empresas sigan ofreciendo el servicio privado para aquellos usuarios que consideran obtener una mejor prestación y servicio personalizado, como sucede con las empresas de medicina prepaga o la educación de gestión privada. Como bien explica la colega mexicana Adriana Labardini Inzunza[11], los monopolios atentan contra los derechos humanos de los ciudadanos, ya que dejan extensas áreas sin conectividad, como también a poblaciones indígenas, generando desigualdades para el avance social y cultural, como planteaba la ONU.

5. MONOPOLIZACIÓN DE LA RED

Mirando alrededor, en el lugar en el que habitemos, observamos que existe un dominio total monopolizado para el acceso a la prestación del servicio de Internet. Entonces ¿por qué dentro de la red debería ser distinto para con las empresas digitales?

Los monopolios internos de Internet han surgido durante el transcurso del tiempo para capitalizar el mayor contenido disponible posible. Empresas como Google y Facebook dominan no solo el mercado interno, sino que también han adquirido grandes compañías que las ayudan a complementar el proceso de empoderamiento de sus servicios en el sistema virtual, como son algunas empresas de diseño y celulares, entre otras.

La mundialmente famosa Google se ha convertido no solo en una de las empresas del *"top five"* del mundo, sino que, a través del uso intensivo de su nombre, se ha producido un cambio en el vocabulario mundial[12], dada la magnitud del alcance que tiene este imperio cibernético.

Dentro del afán de conquistar y avasallar a sus competidores, el juego en el mundo de la informática de esta transnacional viene continuamente adquiriendo, bajo su dominio, empresas de importante envergadura para el desarrollo de las TIC's. Ya se ha cargado con la monumental Android, que

---

[11] Se desempeñó como directora y fundadora de Alconsumidor. Protección de los derechos del consumidor de telecomunicaciones.

[12] La palabra Google, aquella que le da nombre a la empresa y al buscador más famoso de Internet, deriva en un sustantivo que se ha trasladado al campo de los verbos. La jerga de sus usuarios cuando quiere referenciarse a utilizar el buscador, emplea la palabra *"googlear"*, que podría definirse como una conjunción de Google y buscar.

es la responsable de darle vida al sistema operativo libre para determinados celulares. La segunda compañía de gran solidez y prestigio contra la que ha arremetido es YouTube, el sitio de videos más grande que ciberespacio hoy puede ofrecer, que, como era de esperarse, una vez dentro del dominio monopólico, fue reformado para que, además de brindar un servicio gratuito, cuente con otro de calidad *premium* mediante subscripción arancelada. Otra vez está presente la necesidad de generar una necesidad innecesaria que nos demuestre que podemos formar parte de aquellos que acceden a una mejor calidad de servicio, cuando en realidad lo único que les importa es, de esta forma, seguir recaudando.

Ya para lo que respecta al año 2011 había adquirido la firma Motorola, una de las mayores empresas de teléfonos móviles y de una trayectoria bastante austral en el mercado de la telefonía, como también lo hizo con la Taiwanesa HTC. Y así como estas que cayeron en sus manos, hay otras de menor repercusión que corresponden a empresas específicas de ciertos sectores, como es Nets Labs, dedicada a la rama de la domótica[13], o Double Click, dedicada al rubro de la publicidad en Internet.

Mientras disfrutan del sabor del egoísmo y el placer de saber que no necesitan iniciar empresas desde cero, ya que pueden comprar cualquiera que se encuentre operativa y les resulte útil[14], esta firma no solamente se ha interesado por el tipo de empresas de diseño y comunicación, sino que también ha puesto bajo su dominio a la famosa aplicación Waze, de sistemas de GPS y mapas, por lo que, con esta aplicación y su famosa plataforma de Google Maps, acapara el mayor mercado de sistemas de mapas digitales y geolocalización de los dispositivos.

Por último, su reciente adquisición ha sido la empresa Looker, dedicada al *business intelligence*, o, mejor dicho, a "la inteligencia empresarial", un concepto bastante moderno en lo que respecta a la modalidad de negocios.

Entiendo que resulte incómodo abrir un paréntesis, pero siento que no puede dejarse pasar por alto, ahora que hablamos de la inteligencia, que el eslogan de esta era, es que todo se torna "inteligente": las empresas, los vehículos, los teléfonos y hasta los televisores o las aspiradoras de piso. Yo me pregunto si esto mismo les está ocurriendo a los seres humanos, que están siendo cada día más aislados del mundo real, sumergidos en la

---

[13] La visión de Google para adquirir la mayor empresa de automatización de viviendas demuestra una visión de futuro que asombra.

[14] No debemos creer que en la competencia del mercado ser útil significa seguir operando y dando frutos. Les resultará útil comprar firmas de la competencia cuando éstas sean una amenaza, sea para incorporarla a su sistema o para eliminarlas completamente.

soledad de Internet, y viviendo la vida virtual que otros les van moldeando.

Como diría la voz integrada del GPS *…recalculando…* y volviendo al tema como para ir cerrando, vemos que esta empresa de inteligencia empresarial, que maneja conjuntos de estrategias mediante la administración y observación del uso de datos, tiene como finalidad lograr que se transforme la información obtenida en conocimiento y, de esta forma, mejorar los procesos en las tomas de decisiones empresariales.

Sin embargo, las que pudimos mencionar acá son solo algunas de las empresas que el monopolio Google acapara bajo su órbita. A su vez, podemos ver que no todas están abocadas específicamente a ofrecer servicios dentro de Internet, pero que, al poder llevar a cabo la tarea de trabajar coordinadamente, logran desarrollarse de forma eficiente para ser de gran impacto en el mercado digital.

Al ir sumando empresas complementarias a su principal, la gigantesca compañía Google logra de esta forma sumarse a la innovación de la TIC's mediante firmas que le permitan el desenlace para la creación de dispositivos de telefonía móvil; de un sistema operativo específico que le brinde beneficios extras para con los teléfonos; de hacerse con la red de mapas más grandes del mundo y de sistemas de navegación de GPS, más la fortuna de poseer una empresa de publicidad en Internet para sus productos, junto con la estrella más reciente, que está dedicada a la incursión en la inteligencia empresarial que le brindará una satisfactoria administración en base a los datos recolectados.

En el otro extremo del ring del mercado, la compañía Facebook, que representa al otro gran monopolio de la web, ha logrado, en un acortado tiempo, transformarse en el emperador de las redes sociales que, a su vez, está cumpliendo la función de canal de comunicación digital. Desde un principio se afianzó dentro del mercado con la aparición de la plataforma que le da nombre a la compañía, para posteriormente arremeter con la compra de otras empresas tecnológicas.

No muy a menudo se presentan fenómenos como el de Google o Facebook, pero podemos afirmar que cuando el cosmos se alinea, emergen grandes revoluciones que marcan la historia para siempre. Empresas como estas, Coca-Cola o Nike, son sinónimos de pertenencia para ciertos individuos y no meras empresas sueltas en el mercado.

La novedad con la que se presentó en sociedad la plataforma de Facebook para que pueda revolucionar el mercado fue, sin dudas, con la posibilidad de crear un usuario que nos identifique mediante nuestro nombre y apellido, o un *nickname*, para decirle al mundo que acá estamos nosotros buscando conectarnos con los demás. Ir tejiendo, como una gran araña virtual, una red de usuarios para que puedan interactuar entre sí y que conozcan los desenlaces de sus vidas mediante la publicación de imágenes[15] y videos. Y la capacidad masiva de poder publicar este contenido junto con la posibilidad de reaccionar a la misma mediante comentarios, y ofrecer una sala privada de chat para mantener diversas interacciones virtuales, ha marcado la diferencia con cualquier otra red social conocida hasta el momento, que solo por separado brindaban estas prestaciones. Así, también el conjunto de estas prestaciones resultó ser siempre sólido, manteniendo carencias en las deficiencias técnicas, y la incorporación posterior de otras funciones ha ido dándole un nuevo rejuvenecimiento acorde al avance digital.

Si analizamos esto detenidamente, lo que vamos a ver es que, desde que se lanzó por primera vez, ha estado en constante cambio para no generarles aburrimiento a sus usuarios y para que no se vacíe una vez que no resulta innovadora o necesaria; también de esta forma se propuso atraer a los que aún no se habían registrado en ella. Quizás, de todas estas, la que más inadvertida se encuentra es la función que se caracteriza por la posibilidad que les brinda a sus usuarios de construir uno o varios grupos de personas (todos ellos virtuales) que, conectados entre sí, pueden acceder a vincularse. El producto se encuentra tan perfectamente estructurado, que la empresa misma llama *"comunidad"* al conjunto de usuarios, para que sientan que son parte de algo.

El alcance que ha tenido y tiene esta red social, abarca y unifica a todos los segmentos sociales, etarios, religiosos, etc., posicionándose como la más consumida en el mundo, tanto por personas individuales como por diversos grupos sociales, culturales, organizaciones y emprendimientos laborales, entre otros.

La evolución en el desarrollo de la publicidad digital ha perfeccionado el pilar de sustentabilidad rentable de las redes sociales. Facebook ha encontrado la veta de financiarse gracias a sus usuarios con fines de lucro que ofrecen sus bienes y servicios. Como vimos, la característica principal que tiene este sistema es el de ofrecer un producto de forma gratuita, que luego, por un bajo costo de publicidad, podrá resaltar en el mercado digital de la plataforma.

---

[15] Puede observarse que la incorporación de la imagen expresa una situación que el individuo quiere compartir con el resto de los usuarios. La idea de fotografía ha quedado desplazada por la vulgaridad de una imagen precaria y carente de contenido simbólico verdaderamente artístico para denominarla fotografía.

Facebook, a su vez, ha adquirido, al igual que Google, diversas compañías que han servido de complemento para el funcionamiento de ésta. Una de ellas es CrowdTangle, que se encarga de monitorizar la viralidad que tienen las publicaciones, lo que hace que la aplicación pueda obtener un mejor rendimiento y, sobre todo, información relevante sobre los temas de mayor aceptación. Otra de sus compras, que ha impactado en el sector, fue la de la empresa Oculus, dedicada la actividad de la realidad virtual, con el fin de promover el desarrollo de productos de *software* y *hardware*, tanto para el ámbito laboral como el comunicacional.

Ahora bien, es imposible pasar por alto dos de las compañías que ha adquirido Facebook, y que han de ser las más importantes con las que cuenta este grupo monopólico, con salvedad de la que le da el propio nombre. Una de ellas es Instagram, la que hoy en día es la red social privilegiada por los adolescentes y adultos menores de cuarenta años, y que utilizan tanto para el entretenimiento como para el mercado de compra y venta digital.

Instagram se ha desarrollado de una forma particular siguiendo la línea de Facebook, pero ha mostrado características de un diseño más agraciado estéticamente, lo que resulta un punto a favor. La posibilidad que brinda la aplicación de "embellecer" las fotografías, para que luego el usuario pueda "colgarlas" en su perfil, como así también las historias con imágenes o videos que duran veinticuatro horas y desaparecen, y la posibilidad de incorporar a los videos música directamente desde la aplicación, no solo es perfecto para quienes desean utilizar sus servicios en forma de entretenimiento, sino que resulta ideal para quienes, dentro del mundo digital, ofrecen sus bienes y servicios, pudiendo compartir algo más que una simple y austera imagen.

La otra maravilla revolucionaria con la que se ha hecho el monopolio de Mark Zuckerberg, es la empresa WhatsApp, la que hoy en día se agracia de ser el medio de comunicación entre usuarios de dispositivos móviles más utilizada en el mundo[16], y que ofrece un servicio epistolar de mensajería que no solo requiere que el resultado sea de forma escrita, sino también puede ser mediante la grabación de voz *–los famosos audios—*, las llamadas telefónicas, las videollamadas y las postales mediante el envío de

---

[16] En una opinión personal, creo que hoy en día WhatsApp compite con la célebre Coca-Cola como una de las palabras más conocidas en el mundo. Quizás sea una de las marcas más utilizadas en nuestro lenguaje, tal como Google, que ha sufrido adaptaciones de un sustantivo propio a verbo, como puede ser "whatsapeo" y sus variantes dependiendo del tiempo verbal empleado.

imágenes de diversos tipos o videos. Asimismo, podemos decir que estos estilos de mensajerías no son una novedad, ya se encontraban dispersos en nuestro contexto social moderno, pero que gracias a esta aplicación vinieron a integrarse en un solo lugar.

Dentro WhatsApp hay una subespecie de comunicación, de la cual se encuentra en duda si es o no es un método de comunicación válido, pero que en ciertos casos puede ser interpretada como parte del lenguaje que se ha transformado, y que son los *emoticones, gif's o stickers*, que expresan un estado de ánimo, un quehacer o sentimiento, como también puede ser la señalización de un objeto particular o una conjunción de estos, y que, en muchos casos, son una afirmación o negación, o el aprobar o desaprobar una acción.

Lo que hace que WhatsApp sea la estrella de la comunicación es el servicio gratuito y eficiente que brinda en cada operación realizada, lo que sorprendentemente deja maravillados a sus usuarios, sobre todo cuando se debe a la función de llamada y video, llamada la cual, constantemente luego de finalizadas, le propone a los usuarios brindar un reporte del funcionamiento, para así tener un mayor control de los problemas que puedan presentarse, y lograr que el servicio no se vea afectado en su optimización.

Otro punto a destacar es el cifrado de extremo a extremo que implementa la plataforma para el resguardo de los mensajes de sus usuarios, y que evita con esto que terceros tengan acceso a la comunicación para la obtención de los mensajes que allí se mandan. De hecho, este cifrado también resguarda que esas comunicaciones no caigan en manos de la compañía. Pero no todas las conversaciones son de dominio privado; la letra chica del contrato que se acepta con los términos de uso hace relevante que solamente los mensajes son privados cuando hay un interlocutor y un receptor; cuando la comunicación se da para el caso de los grupos o de los estados, se considera información pública compartida por el propio usuario, de la cual no pueden luego alegar que se ha filtrado lo expuesto ahí.

La aplicación de WhatsApp, a diferencia de Facebook e Instagram, no genera ingresos propios con publicidad o por el cobro de uso, por lo que este asunto siempre ha generado rumores en cuanto a los datos aportados por sus usuarios y la compraventa de los mismos por parte de la empresa prestadora del servicio.

Debe recordarse que, en el año 2019, la Comisión Federal de Comercio de los Estados Unidos (FTC), luego de ciertas investigaciones en cuanto a las malas prácticas en el manejo de datos de los usuarios de este monopolio, ordenó el pago de 5.000 millones de dólares[17] como sanción, donde se lo acusa de haber compartido datos de manera inapropiada con la empresa Cambridge Analytica,. Empresa dedicada a brindar servicios de consultoría política, y en la que se vieron afectados los datos de 87 millones de usuarios[18].

---

[17] Según se ha establecido, es la suma dineraria más grande que jamás le hayan impuesto a una empresa a abonar en cuanto a una infracción cometida por violar la privacidad de sus consumidores.

[18] United State vs Facebook Inc. Civil Action Nº 19-2184 (TJK).

Capítulo III

EL IMPACTO DE INTERNET EN EL CONSUMO

1. DEL MERCADO FÍSICO AL MERCADO DIGITAL

Este parece ser el siglo en el que poco a poco nos fuimos metiendo dentro de la red para desarrollarnos como seres plenamente tecnológicos, impulsados por las nuevas costumbres que nos envuelven socialmente, y, a causa de esto, le fuimos restando lugar al sistema de comercio tradicional de compras presenciales con el que contábamos, para cederle cada vez más espacio al mercado del comercio digital y de las operaciones en línea. La curva de crecimiento de este nuevo concepto viene mostrando una ligera tendencia en aumento año tras año, por lo que ha llevado a que vastos sectores de individuos opten por ofrecer sus bienes y servicios directamente a través de Internet, con escaza o nula presencia en el terreno físico[19].

Nos estamos encontrando ante un nuevo y revolucionario progreso industrial, que está migrando de lo físico a lo digital, y en el que se está librando una contienda de sumo interés económico y cultural. Hay que resaltar que el mercado digital no tiene fronteras, días ni horarios, lo que resulta que sea una vidriera abierta al mundo los trescientos sesenta y cinco días del año, sin detener su marcha incluso los feriados conmemorativos y festivos.

Otro aspecto de importancia es que las plataformas –con las que se está trabajando para desarrollar la migración del mercado físico al digital, luego de un arduo trabajo de décadas— son mundialmente reconocidas y gratuitas[20], con lo cual, por un lado, logran con este modelo generar un sitio de confianza para los internautas[21], y, por el otro, reducir costos. La clave

---

[19] Cuando se habla de no tener presencia en el terreno físico se hace alusión a que ya no se necesita de un local comercial para ofrecer bienes y servicios.

[20] Se verá más adelante que lo gratuito no siempre es como aparenta.

[21] El término internauta hace referencia al individuo que utiliza Internet.

de este nuevo mercado es tener a la publicidad aunada a la generación de contenido para dar a conocer el bien o servicio que se ofrece, como así también el poder posicionarse y sobresalir en el mercado.

La ayuda en la incorporación de nuevas tecnologías, como la inteligencia artificial al procesamiento de datos generados en Internet, resulta de vanguardia para compaginar las preferencias de los usuarios, mostrándoles resultados coincidentes con las mismas. Junto con ello se van abriendo nuevas puertas hacia nuevos mercados, como el denominado *mercado de datos,* en el que las empresas dueñas de estas plataformas y las grandes compañías de la industria serán sus estrellas.

Por último, las implantaciones de nuevos dispositivos inteligentes, que han sido diseñados para caber en la palma de una mano, y que cuentan con acceso al servicio de Internet inmediato e ininterrumpido, determinarán que la pulsión consumista a comprarlo todo se pueda llevar a cabo desde cualquier sitio en que los usuarios se encuentren.

2. EL COMERCIO DIGITAL, FRONTERAS ABIERTAS Y LIBRE FLUJO DE MERCANCÍAS

La explotación de la industria del comercio electrónico que se viene gestando, y las nuevas vidrieras que se desenvuelven en el mundo digital, desarrollaron un exclusivo modelo que permite acrecentar el consumo y reducir tiempos de entregas y de distancias. Así, este modelo está generando una gran ventaja en la simplificación de aquellos gastos ajenos al producto final, que en su momento venían aparejados dentro del sistema tradicional de ventas, y que terminaban repercutiendo sobre el precio de venta que el consumidor soportaba. De esta manera, hoy ese valor agregado se ve en parte reducido.

En cuanto al desarrollo comercial, diré que han logrado que los comerciantes puedan llevar a cabo la tarea de anunciar sus bienes en línea con una serie de características que brindan solidez y respaldo a sus anuncios. En las plataformas de compraventa más famosas, como Ebay, Amazon, Alibaba o Mercado Libre, a la rústica implementación de la descripción del producto o servicio, le siguió la fotografía, y a ésta, el video. La evolución de las herramientas informáticas también ayudó a introducirse en el diseño de las publicidades.

La seguridad que se ha logrado brindar en Internet dentro de las plataformas de compraventa, el acceso masificado sin fronteras y los bajos costos de exhibición de mercancías, han sido otras ventajas de las migraciones a diversas plataformas para entrar al juego de la oferta y la demanda virtual.

Internet ha dejado de ser un mero intercambio de paquetes de datos, como ya vimos, para convertirse en la estrella de las relaciones humanas y del mercado. Desde legendarias empresas de alimentos y automóviles, hasta los comercios de cercanías más pequeños, interactúan en línea entre la oferta y la demanda. La creación de un sitio web personal para interactuar con los clientes es uno de los puntos claves que tienen las compañías a la hora de mostrarse en línea, al igual que el nombre de la marca. Nada es más distintivo y único en el mercado *online* que la propia página web, ya que brinda cualidad de seriedad, y les muestra a sus consumidores la seguridad de que del otro lado de la pantalla hay alguien operando, y no es simplemente un velo que cubre una posible estafa en potencia.

Aunque hoy la realidad está demostrando que para ciertos productos resulta más rentable que sean puestos a comercializarse dentro de alguna plataforma de compraventa de renombre, y que los usuarios puedan operar directamente desde allí, esto especialmente se siente de esta forma, cuando la interacción se lleva a cabo desde distintas localidades, ya sea en un mismo territorio nacional o en el ámbito de las relaciones exteriores.

Además, debemos tener en cuenta que algunas de estas plataformas hoy en día se encuentran funcionando en conjunto con empresas de correo postales, como sucede con Mercado Libre, que ha operado en simultáneo con la empresa OCA o el Correo Argentino, lo que brinda aún mayor seguridad para las operaciones y la movilizaciones de mercaderías, ya que el usuario comprador o el usuario vendedor no deben preocuparse por solucionar el problema ajeno a la compra que implica el traslado de bienes; como tampoco el vendedor necesita disponer, dentro de su empresa, de un área encargada de la logística. Este traslado de mercaderías tampoco depende del volumen de la compra o del tamaño del objeto, sino que el sistema cuenta con la posibilidad de enviar desde el más ínfimo producto hasta el más grande. De hecho, lo más reciente del mercado ha demostrado que estas empresas de plataformas ponen a disposición lugares de almacenamiento para clientes selectos que superan ciertos requisitos de ventas mensuales, para que puedan desligarse de guardar sus productos y, a su vez, del traslado.

Por ello, la posibilidad de brindar seguridad ante una posible estafa al momento de comprar, como de la misma manera, tener en parte resuelta la logística de los productos y la puerta abierta al consumo sin horarios de cierres ni fronteras, genera mayor ventaja para quienes, en un mismo sitio, pueden resolver la compra de varios artículos, que quizás dependan de tener que trasladarse a diversos locales y zonas.

Por último, otra ventaja adicional y no menos despreciable, es la posibilidad de la comparación de precios respecto de un mismo producto ofertado.

3. MEDIOS DE PAGO, TARJETAS Y CRIPTOMONEDAS

Para seguir dentro del mismo hilo conductor de este sistema mercantil, se debe tener en cuenta que los métodos de pago en línea representan, en ciertas circunstancias, un punto crítico para el acceso a la oferta. Las compras digitales operan con flexibilidad para el consumo, abriendo el mercado a distintas formas para llevar a adelante el pago por las transacciones realizadas. Dentro de los métodos existentes, hay, por sobre todos los otros, dos formas que sobresalen y marcan la diferencia; una de ellas es la que dispone que se abone el servicio a contra entrega y en efectivo, con lo cual pueden evadirse ciertas responsabilidades, como puede ser la comisión por la operación a la plataforma de venta, y otra es la disminución en el precio de la mercancía ante la falta de factura o recibo. Si bien este en sí ya ha quedado obsoleto dentro de algunas plataformas, como es el caso de Mercado Libre, en otras aún se puede seguir usando. El segundo, y uno de los más utilizados, es el pago mediante tarjeta de débito o crédito; en este supuesto, el pago se configura y el producto se separa y se pone a resguardo para luego colocarlo a disposición del cliente al momento del retiro o del envío, lo que facilita las transacciones de lejanías. Por último, entre las formas más atípicas y menos empleadas, se observa la posibilidad de abonar el producto, bien o servicio, mediante la emisión de una factura de pago, que luego puede abonarse en ciertos locales específicos de cobros, dirigido en especial a un público que no cuenta con acceso al sistema bancario. No obstante, algunas plataformas más evolucionadas presentan incluso sus propios sistemas para el pago de las mercancías. Mercado Libre ha puesto en escena Mercado Pago, la cual es una plataforma donde los usuarios de la primera pueden pagar sus compras sin la necesidad de mover dinero por fuera de ésta. Al mismo tiempo, permite asociar esa cuenta de Mercado Pago con la bancaria para el depósito o retiro, y hacer transferencias entre estos usuarios con la sola simpleza de introducir el correo electrónico, como si fuese el alias o CBU de la cuenta del banco. La evolución ha sido tan significativa que se vieron en la necesidad de expandirse a ofrecer sus servicios con la venta del dispositivo en el cual se introducen las tarjetas, que va asociado al teléfono móvil, a los comercios físicos han contratado, y la opción de pago con el escaneo de un código QR otorgado a cada vendedor. Con ello, además habilitó el comercio a infraestructuras de baja solidez, como es el caso de aquellas personas que venden productos de forma ambulante.

Ahora bien, existe otra metodología en la forma de pago desde hace ya unos años, y la que quizás en estos tiempos se puede notar con mayor frecuencia, que a su vez genera curiosidad y mayor apertura de debate e investigación, y que es la posibilidad de comprar y vender bienes, productos y servicios mediante el uso de criptomonedas o monedas virtuales.

El *criptoactivo* se dio a conocer en el año 2009, con la aparición del *Bitcoin* en el mercado (hoy en día podemos encontrar que existe una amplia diversidad de criptodivisas operando en el espacio digital), aunque esta terminología se remonte a décadas anteriores. Este espécimen monetario tiene una peculiar característica, que consiste en no contar con un respaldo de emisión, como sí lo tiene –o así se cree— el dinero emitido por los Estados nacionales, por lo que, en este caso, no cuenta con reservas de oro que aseguren su fiabilidad en el mercado.

Suele ocurrir también que no son divisas emitidas por una institución bancaria (los bancos centrales de los Estados), las que necesariamente cuentan con los permisos gubernamentales correspondientes para su creación, al igual que también existe una omisión de la intervención de los gobiernos para que cumplan con todo el requerimiento legal correspondiente y hagan un control efectivo sobre estas.

En lo que respecta a las creaciones de las criptomonedas, estas son cerradas en un número cierto, por lo que tienen un número finito estipulado de producción, por lo cual, al llegar al establecido, no se emitirán más divisas de ese nombre, lo que a su vez esto lo que logra es que la oferta y la demanda, una vez que son libradas al mercado, determinen su precio en él.

Por todo esto, uno de sus mayores impactos negativos se desarrolla en el ámbito de la compraventa propiamente de la divisa. En él ocurre que la misma no tiene una legislación suficiente y apropiada en cuanto, por ejemplo, a los gravámenes tributarios, por lo que hace que cualquier persona o entidad societaria pueda comprar en el mercado criptomonedas con dinero del cual no se pueda justificar la licitud de su procedencia.

Ahora bien, pero ¿cómo debería entenderse el propósito o fin que tiene esta moneda de nula o precaria regulación estatal, carente de respaldo de emisión, que asimismo es creada de forma privada y en donde su valor lo determina la oferta y la demanda?

Ningún sitio respetable de compraventa en línea ofrece de forma legítima la aceptación de estas cuasi monedas como forma de pago. Su lugar de operación es el mercado negro de la Internet, aquel que se ubica en la famosa *Deep o Dark Web*. En estos lugares recónditos de Internet, se sitúan los mercados que carecen de control legal y de patrullaje cibernético, por lo cual la criptomoneda viene a ser la destacada del lugar. Sin ninguna prevención, el oscuro mundo de Internet ofrece la comercialización de todo aquello que es ilegal e inaceptable moralmente: la venta de armas y drogas se posiciona en los primeros lugares, pero no obstante allí se encuentran la venta de órganos, de credenciales de identificaciones falsas, software para el robo de datos, tráfico de personas, pornografía infantil, como así también se pone a disposición la posibilidad de abonar por ver proyecciones en vivo de toda clase de aberraciones.

Pareciera ser que el propósito de esta peculiar moneda, cumpliendo con todas las infracciones correspondientes, fue poder operar de manera tal en la que sus operadores, de una forma anónima, puedan adquirir lo que buscan en el mercado negro de Internet, sin control y reparo alguno.

No obstante, la idea de la emisión monetaria digital no es descabellada, y resulta bastante interesante para la era actual, ya que, al igual que lo sucedido durante los viajes de indias con el dinero físico, no necesitarán de ser transportadas, con los riesgos que implica el formato papel o moneda del dinero. A su vez, proporciona la facilidad de poder transferir en el momento sumas de cualquier tipo y la reducción de los costos que se paga con los impuestos ciudadanos que trae la impresión del papel moneda.

4. SMART, UN RIGUROSO CAMBIO DE VIDA

Así como la introducción de la electricidad en nuestros hogares, en el trabajo y en los quehaceres diarios, o –por qué no—, también la aparición del automóvil, fue un hecho que cambió, y sigue cambiando, nuestra calidad de vida, cabe pensar lo mismo sobre los teléfonos inteligentes, ya que han producido una revolución dentro del ámbito de la telecomunicación y en la forma en la que consumimos bienes y servicios.

Para situarnos en un panorama que no es tan lejano, en un principio, el desarrollo de los teléfonos celulares consistía en brindar un servicio de telefonía por el cual se podía conectar a dos sujetos de un punto a otro con dispositivos, también celulares, interactuando entre sí, o uno móvil con otro de línea, que constaban de ser simples teléfonos que presentaban la misma característica de servicio que los hogareños, pero con la particularidad de tener menores dimensiones y ser carentes de cables, en los que la función principal era realizar y receptar llamadas. Hoy, nuestro compañero de vida, el *smartphone* o teléfono inteligente, en nuestro idioma, realizó la apertura a diferentes medios de comunicación que se ven habilitados gracias a un solo dispositivo móvil. También lo hizo con la explotación de las redes sociales y las aplicaciones móviles, como, del mismo modo, con la accesibilidad a Internet durante las 24 horas del día, lo que logró marcar el camino a nuevas modalidades de transmisión de la información.

Con toda esta evolución inmediata, la comunicación mediante dispositivos móviles inteligentes transcendió a desarrollarse recopilando diversos medios antes empleados, pero en una sola unidad. Hoy, la comunicación transcurre tanto de forma verbal como escrita, e incluso también, de manera fotográfica.

El posterior advenimiento de los televisores inteligentes y las tabletas ha permitido que se siga la continuidad del teléfono inteligente cuando uno se desprende él. De hecho, las computadoras personales han evolucionado hacia las portátiles *notebooks*, quedando los grandes equipos para el uso de videojuegos[22] o algunas actividades que así lo requieren. Todo pasa por comprimir, en aparatos cada vez más pequeños y fáciles de transportar, las prestaciones de estos equipos para que el usuario pueda llevarlo consigo y conectarse desde el lugar que se elija, con la salvedad, por el momento, de los televisores.

Pero, sin lugar a dudas, fue el *smartphone* el que ha logrado ser el caballo de batalla para el comercio electrónico, y con él generar un cambio en el paradigma comercial hasta el momento, conocido mediante elementos como la realización del pago a través de códigos QR, la transferencia

---

[22] Los aparatos de computación tradicional han quedado reducidos al servicio de los videojuegos, debido a que las *notebooks* no resultan cómodas para jugar, y tampoco prestan las capacidades necesarias para un correcto funcionamiento.

bancaria inmediata de las aplicaciones móviles y la puesta a disposición de los productos a través de las plataformas de compra venta o de redes sociales, entre otros.

Quizás sea hora de cambiar el nombre de lo que supimos llamar teléfono móvil, por otro como maletín o cartera inteligente, en el cual transportamos la libreta de direcciones y números telefónicos, el calendario, la billetera, los documentos, el correo, la cámara fotográfica, etcétera. Empero, quizás este nombre también resulte insuficiente, ya que podemos transportar desde el comercio hasta música y recuerdos, lo que resultaría ser más bien una especie de billetera de vida, que cuenta a su vez con servicio de telecomunicación.

5. LA VIDRIERA DEL CONSUMO. LA GLOBALIZACIÓN (DIGITAL)

Si se creía que las consecuencias de vacacionar en el extranjero, la apertura de los mercados fluctuantes de oferta y demanda, el desembarco de los shoppings, los *deliveries* de comida y las cadenas internacionales de consumo eran el *boom* de la globalización, el liberalismo y el consumismo, la evolución de la tecnología e Internet llegaron a poner en cada hogar y palma de la mano una vidriera las veinticuatro horas del día los siete días de la semana. Ofrecer, adquirir e intercambiar productos y servicios desde la comodidad del hogar es el nuevo mercado del siglo XXI que no discrimina fronteras, y que en ciertas ocasiones sutilmente se las lleva puestas. La apertura del comercio al mundo mediante plataformas de compraventa y la inclusión de servicios de mensajería para la entrega de productos es uno de los mayores atractivos que se presenta en la red.

El siguiente cuadro tiene la característica de mostrar la variación en las órdenes de compras mediante el uso de plataformas digitales en la República Argentina, ya sean que estas hayan sido realizadas desde dispositivos móviles o de computadoras personales, comprendidas en el período del año 2016 al año 2020[23].

---

[23] Fuente obtenida de la Cámara Argentina de Comercio Electrónico (CACE), la que puede consultarse en www.cace.org.ar

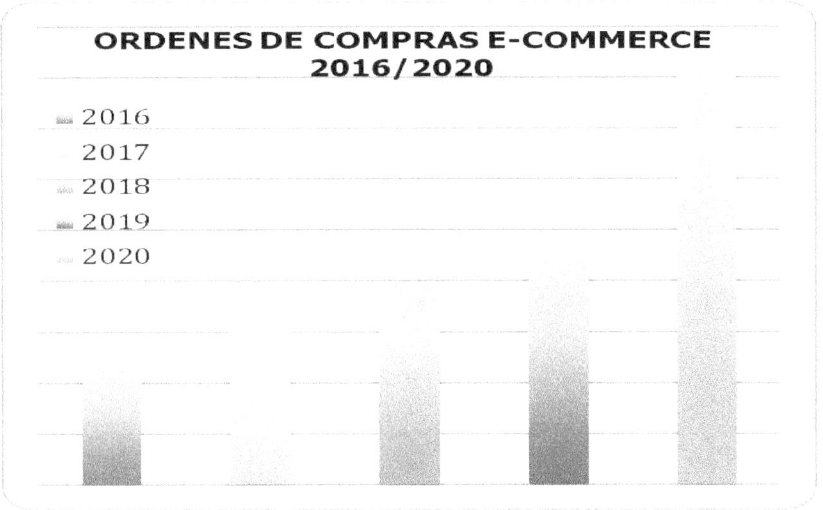

La variante en aumento para el año 2020 con respecto a su predecesor en cuanto a las órdenes de compras arroja un porcentual al alza del 84%, que a su vez encuadra en la cifra de ciento sesenta y cuatro millones órdenes. Es entendible que la situación sanitaria del año dos mil veinte nos llevó a que la utilización de plataformas digitales se acrecentara y, de esta forma, el consumo por medios electrónicos creciera considerablemente, pero debemos tener en cuenta que las compras en línea vienen demostrando que se encuentran en alza año tras año. La posición en la que ha dejado al comercio digital este momento de la historia fue el quiebre rotundo que necesitaba el mercado para demostrar todo su esplendor, en el cual las compras por Internet son tan fiables como las presenciales, y reducen pormenores como la pérdida de tiempo del traslado al local o la imposibilidad de comparar precios.

La distribución de las compras dentro del país tiende a empezar a descentralizarse de lo que es la Ciudad Autónoma de Buenos Aires, para ir ganando terreno en otras provincias y regiones en su conjunto. La siguiente imagen muestra cómo se distribuyó durante el año 2020.

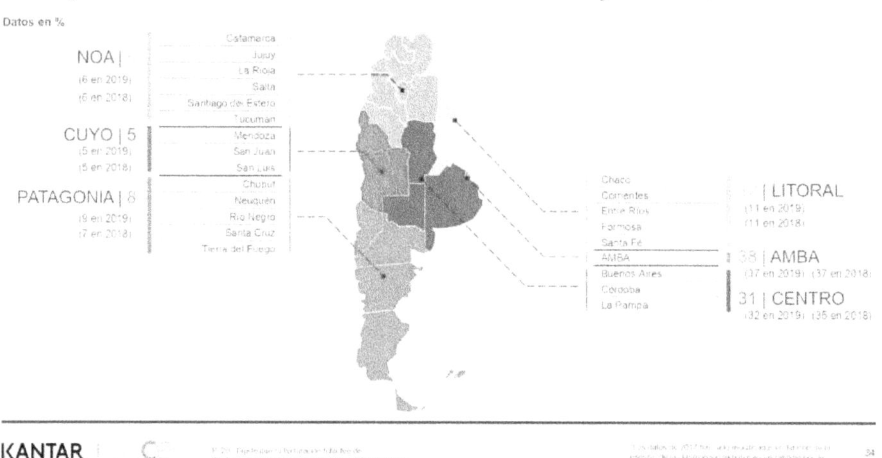

Pero claro está que el mercado por sí solo no se mueve para generar semejantes cambios. El accionar de la publicidad, como forma avasallante y frenética de auspicio en páginas web, en conjunto con la libre circulación de mercaderías, con escaso control fiscal y aduanero, logró un mayor tráfico de mercancías y dinero, abierto a toda la comunidad.

Las grandes compañías de plataformas virtuales, sobre todo las redes sociales, se han apoderado del mercado digital y están dejando a la vista insuficiencias legales y tributarias en todos los Estados, lo que a su vez fomenta la precarización laboral y la competencia desleal.

Obsérvese el fenómeno generado a consecuencia de las redes sociales en cuanto a los regímenes tributarios, a la compra y la venta, la publicidad y la competencia desleal. Sistemas como Facebook e Instagram han contribuido a la elusión de las normas administrativas y tributarias. Cooperado con el mundo de la red, lograron desarrollar un sistema por el cual los sujetos pueden conectarse en grupo y observar los movimientos digitales de los usuarios, dialogar y constituir mercados excitados por la publicidad y el libre albedrío. Basados en un complejo sistema de reglas internas empresariales, a los que llaman "términos y usos", intentando evadir cualquier responsabilidad legal frente a los Estados y los propios usuarios consumidores. Pero no solo esto es parte de su lineamiento, sino que además invitan a los usuarios a desafiar las normas y tender a eludirlas.

La creación de "perfiles" para la actividad comercial y la carencia de regulación de la situación del comercio digital, genera que el mercado ilegal se expanda de manera eficiente y sin reparo alguno. Cualquier sujeto o conjunto de estos, puede ofrecer sus bienes o productos sin detenerse a observar las normas tributarias del Estado, entre otras tantas, generando entonces un mercado ilícito apoyado por estas plataformas que se encargan de soslayar. La condición tributaria de los comercios es pilar fundamental de la economía de los países. Con los impuestos recaudados se mantiene el gasto público para la creación o mantenimiento de diversos espacios comunes en pos de la sociedad, entre otros. Asimismo, esos impuestos también sirven para subvencionar a aquellos que, por diferentes circunstancias de la vida, no pueden acceder a prestaciones básicas con las que cubrir sus mínimas necesidades.

Si bien la compraventa, como de igual manera la publicidad de bienes, productos y servicios no constituyen un acto ilícito, debemos observar cómo estos hechos deterioran y mutan su composición. La compraventa no resulta un acto ilícito tributario si a la misma se la acompaña de un recibo o factura con los datos fiscales correspondientes al vendedor.

Ahora bien, el usuario que opera dentro de la ilegalidad de la compraventa sabe bien sus consecuencias, ya que, al no contar con una factura que respalde la transacción efectuada, queda totalmente desprotegido ante el incumplimiento o falla del bien o producto.

Por si esto fuera poco, a la ilegalidad por el incumplimiento de las cargas tributarias en virtud de la compraventa en negro operada por medio de estas plataformas, se suma la falta de control estatal de la calidad de los productos puestos a la venta y su procedencia. Cuando se explica que el mercado de Internet se abrió a todas las actividades comerciales, ha de observarse que una de las más expuestas es la de los alimentos, sobre todo aquella que tiene que ver con productos elaborados. Hoy, el arte de la cocina ha congregado a un gran sector de la sociedad que se muestra entusiasta en la preparación de alimentos caseros y saludables –aunque algunos no lo sean tanto— y que ofrecen sus exquisiteces al mercado. Pero cuando se aparta la vista de las exquisiteces que crean los cocineros de esta ola del *new age gourmet,* se debe reparar en qué tan saludable es aquello que se ofrece sin someterse a los controles bromatológicos correspondientes. La falta de controles estatales de este tipo en los alimentos ofertados es uno de los dilemas más llamativos, el mantenimiento de la limpieza, el origen de los productos, los vencimientos y la falta de instrucción para la conservación y manipulación son pilares fundamentales en poder llevar a cabo estos emprendimientos. Otro dato no menor es la falta de información por parte del ofertante al consumidor en cuanto a los aportes alimenticios en el producto sobre la composición que conlleva, fecha de elaboración y fecha de vencimiento.

La propuesta de publicitar *seudo comercios* carentes de autenticidad, que, a su vez, en muchas ocasiones, incumplen el deber de registración comercial ante los órganos estatales para hacer frente a las cargas y contribuciones, controles sanitarios y laborales; como, asimismo, el uso indebido de marcas con nombres que generan confusión o que ya han sido registradas, aumentan abultadamente la repercusión de la competencia desleal y desvirtúan explícitamente el fin que tiene la red social.

6. EL COMERCIO SOCIAL

Con la nueva era del mercado digital y del consumo instantáneo, el concepto de comercio ha ido mutando como era de esperarse. David Beisel[24] fue uno de los pioneros para el desarrollo del término *comercio social,* mejor conocido en su lengua materna como *social commerce.* Este término, que resulta bastante moderno en el lenguaje popular y que con solo nombrarlo podemos asimilar a qué hace referencia, se fue construyendo de dos maneras. Desde un lado, la primera vez que esto sucedió, se originó a través de la denominación que la compañía Yahoo le concedió en el mes de noviembre del año 2005, producto que viene de la mano Beisel, quien lo conceptúa como *"todo el contenido publicitado en sitios de comercio electrónico".*

Podemos entender que, sin la picadora de carne consumista de las redes sociales por este entonces, se le atribuyó como lugar a los sitios de comercio electrónico que se conocían hasta el momento para realizar compras virtuales, como el caso de Ebay o Amazon.

Un poco más allá, y sin irnos tan lejos, la segunda denominación se desprende de las palabras de Steve Rubel[25], que pone de manifiesto que el *comercio social* se configura *en base a la interacción social que se lleva a cabo entre quien ofrece un producto y quien se encuentra interesado en él.* Ahora sí, ya con esta definición, el concepto de *social commerce* se expande dentro y fuera de los sitios exclusivamente de compraventa.

---

[24] David Beisel es un inversionista de riesgo (aquel que financia empresas sin historial y seguridad en sus resultados).

[25] Steve Rubel ayuda a constituir este término en su carácter de *blogger* tecnológico.

Ni más ni menos para que el comercio social pueda desarrollarse plenamente e hipnotizar a sus potenciales clientes con una actitud encantadora como si fuesen cobras atraídas por la melodía de una flauta, se pueden encontrar varios aspectos que deben tenerse en cuenta al momento de querer iniciarse en este nuevo modelo de consumo. Tal como se explicó anteriormente, Internet ha dejado de tener un papel pasivo para pasar a interpretar un rol activo, y lo mismo ha ocurrido con los consumidores en línea. Para que este tipo de mercado funcione, el marketing digital desarrolla un nuevo concepto, denominado *"marketing de contenido"*, que se asienta en los pilares de la innovación, la interacción y las relaciones de confianza.

Dentro de esta nueva modalidad, los especialistas se encargan de realizar un estudio de mercado relevante para sus productos, que comprende básicamente al sector social, el rango etario y las conductas que mantienen los usuarios en la interacción con las redes sociales, lo que va mostrando los dientes del capitalismo más voraz, en donde *el sujeto resulta ser parte del sistema de fabricación, o bien, parte del producto,* aunque lo tienen tan perfectamente logrado que se camufla de modernidad y moda.

El estudio que realizan no solo lleva a experimentar con estos usuarios, sino que conlleva a tomar un rol de espías, como si fuesen personajes sacados de la guerra fría compitiendo por la innovación en la carrera espacial para investigar el contenido generado por la competencia, y de esta forma, también poder generar contenidos novedosos que hagan único al producto o se destaquen con la diferencia.

A la hora de utilizar el comercio social existen ciertos patrones básicos que son un hecho mundial. Por ejemplo, esto sucede en el momento de la actividad comercial, en que la parte que recibe la oferta, independientemente de la influencia que haya absorbido, ésta ya no puede tener un papel pasivo en el que vea plasmada una foto del producto o descripción de contenido, porque para esa alma consumista, la simple foto o descripción no saciará sus ganas de comprar. Sucede, por lo tanto, que debe realizarse como un interlocutor activo en su relación con el vendedor para que pueda sentirse felizmente participativo de opinar o consultar sobre el producto o servicio, como también hacerle saber a este si le gusta, lo que es un punto a favor del vendedor, ya que otros usuarios serán captados por la aprobación de los demás.

Otra forma de actividad que hará feliz al consumidor y lo pondrá deseoso de comprar es aquella en la que se le brinda la posibilidad de comunicarse con el vendedor en forma directa, como si éste estuviera presente físicamente, estrechando aún más el vínculo que hace a la relación de consumo, y que tiene como proceso de esta última característica, lograr crear un vínculo emocional entre el vendedor y el cliente, que se afina con el correr del tiempo.

Son estas algunas de las características principales de la nueva era del marketing que logran establecer contactos más estrechos entre las marcas y los clientes, cuando éstos últimos se ven afectados por la interacción maquinaria que produce el alejamiento físico y emocional, a diferencia del sistema de compra y venta tradicional. Para no caer en la trampa de pensar y sentirse tan vacíos y solitarios, donde queda en evidencia de que operan con un elemento carente de racionalidad y afectos, las estrategias del consumo digital deben recurrir a hacerlos sentir felices y acompañados, lo que hace que las personas que puedan ser inducidas a una felicidad artificial creada a través de una máquina, crean ser realmente felices y consuman más cosas innecesarias.

Otro desafío del marketing digital es el de darles a los usuarios contenidos con fotografías intervenidas, modelos populares y videos de corta duración que los estimule a ser arrastrados a este consumo mezquino.

7. LOS MANTEROS DIGITALES

Al igual que aquellos sujetos que, en la jerga popular, son identificados y catalogados como *"manteros"*[26], o simplemente vendedores ambulantes, a esta especie, que denomino *manteros digitales,* y que moran dentro de la red, se les observan grandes violaciones al ordenamiento legal, como es el caso de las normas tributarias, sanitarias y laborales, por nombrar un puñado de ellas.

La gran diferencia que existe entre unos y otros es la aceptación social subconsciente de la ocupación espacial de los infractores digitales. Mientras los manteros irrumpen el supuesto orden vial de circulación de las veredas[27] ofreciendo bienes y productos, y, al mismo tiempo, en disonancia con los comerciantes que cumplen a rajatabla con el pago

---

[26] Se denomina mantero, en la República Argentina, a quien monta un espacio de trabajo sobre la vereda y ofrece sus productos (generalmente exhibidos sobre una manta extendida en el suelo) infringiendo toda norma de carácter administrativo, impositivo, laboral, marcario, etcétera.

[27] Los manteros reciben el accionar policial en pos de ser catalogados como delincuentes o sujetos que atentan contra el orden público, la moral y las buenas costumbres, y no como simples infractores de la ley.

de impuestos y las obligaciones previsionales de sus empleados, los infractores digitales pasan inadvertidos, e incluso interactúan con estos supuestos nobles comerciantes, como si ellos no se dieran cuentan de la ilegalidad que tanto les aflige, pero, claro está, dentro de la red se puede pasar inadvertido haciendo felices a los demás para que puedan consumir productos y servicios.

La competencia desleal empieza a tomar forma y a ser socialmente aceptada. Cualquier sujeto puede, gracias a Internet y a plataformas que se alojan en este espacio virtual, sobre todo las redes sociales, ser un comerciante competitivo en el mercado. Burlando dentro de este espacio cualquier tipo de norma reglamentaria que hace al correcto funcionamiento comercial, ya que la aplicación del poder de policía en esta instancia es nula, aquellas falencias provocan que la ilegalidad pueda operar a simple vista.

La competencia desleal no solamente puede observarse en cuanto a los sujetos que ofrecen sus bienes, productos o servicios de forma inicua, sino que también está presente en aquellas que, de buena fe, están dentro de los límites de la ley. Esto es perceptible al observar, por un lado, a aquel comerciante que debe alquilar un establecimiento (que no ha de ser cualquier establecimiento, sino que debe permitir ser apto comercial); abonar los servicios y seguros correspondientes; obtener la habilitación estatal necesaria para poder operar; y así, sin más, corren por su cuenta los futuros daños que puedan suscitarse en cuanto a su estado de salud que le impidan concurrir a trabajar. Esto de aquí no son puras alucinaciones o habladurías, sino que son elementos básicos para que un comerciante pueda comenzar a funcionar, sin contar con empleados u otras circunstancias de la actividad que ocurren.

Con tanta variación del comercio que se viene generando, encontramos a aquellos que solamente operan en línea ofreciendo sus productos a un mercado mundial sin límites de fronteras y regulación alguna, que resulta más económico para el comprador, gracias a la falta de pago de impuestos y servicios, habilitaciones necesarias y blanqueo de ganancias ante el fisco.

Con la posibilidad que nos brinda Internet en poder ser anónimos y crear dentro de la red una personalidad diferente a la real para estrechar nuevos vínculos, resulta mucho más sencillo operar aquí dentro de manera ilegal y evitar el riesgo de ser detenido y que la mercadería sea decomisada. Asimismo, supongo que al porcentaje más grande de consumidores no se les pasa por la cabeza cuestionarse si esa compra se ajusta a los estándares legales vigentes, ya que quiero creer que con obtener el producto a menor precio se conforman, como tampoco se deben cuestionar si esa compra está afectando al comerciante que tiene todo en regla, ya que no se puede ver si le están invadiendo la vereda y poniendo la mercadería sobre una manta.

8. CARACTERÍSTICAS DE LAS COMPRAS VIRTUALES Y LOS MANTEROS DIGITALES

Habiendo echado un vistazo, en las líneas anteriores, a algunos estándares del comercio social para la introducción de los productos en la rueda mágica del mercado digital y la interacción de los usuarios que han sido medicados con la píldora de la felicidad, como también la inobservancia de un mercado ilegal dentro la red, quiero dar paso, en esta parte, a un análisis de los aspectos más sobresalientes que tiene la aceptación social de los productos ofrecidos, la competencia desleal de los manteros digitales y sus infracciones y evasiones.

En cuanto a las principales características de los *manteros digitales* dentro del comercio social, las he dividido en tres grupos, y dentro de éstos, las he vuelto a fraccionar otras tres veces más dentro cada uno. Observemos el siguiente cuadro para entender un poco más de qué se trata esto, y luego realizar el análisis correspondiente.

ACEPTACIÓN SOCIAL	COMPETENCIA DESLEAL	INFRACCIONES Y EVASIONES
MODERNOS	FACTURACIÓN	HABILITACIONES
LLAMATIVOS	PROCEDENCIA	CONTROLES
VÍNCULO	PUBLICIDAD	INFORMACIÓN

En primer lugar, hay que hacer referencia a la doble cara de la moneda que se presenta en el mercado en cuanto a la *aceptación social* que acarrea la compraventa de bienes y servicios mediante plataformas digitales, y el desinterés por observar el cumplimiento de las normas para una mejor convivencia. Dentro de esta aceptación social existen métodos alternativos que logran cautivar a los usuarios, ya sea que lo hagan en carácter de seguidores del perfil que realiza el ofrecimiento, o de meros visitantes que llegan por la publicidad u otros canales a estas cuentas, que abren los caminos para que esto suceda.

Aquí dentro se encuentra lo *moderno*, una característica propia de la era del capitalismo más desarrollado, y que no es más que la ideología del posicionamiento de los bienes o servicios que se quieren ofrecer, atenuándolos a pequeños cambios que los hagan ver únicos e inigualables, y así, de esta forma, desplazar a todo aquello que ellos mismos crearon anteriormente y consideran que ya es vetusto, para así tratar de marginarlo, dado que para que se pueda posicionar lo nuevo o moderno se debe, sin lugar a dudas, descartarse lo viejo.

Esta frialdad conceptual abunda dentro de ciertas áreas, como la indumentaria o la tecnología. Dentro de estas dos es en donde los productos (y ni hablar de las personas) resultan descartables luego de un tiempo considerado, como si tuvieran en alguna parte de su envase una fecha de caducidad para el cumplimiento de ciertas funciones o prestaciones, y que son reemplazados continuamente por objetos similares al anterior con un detalle distinto que "lo vende como mejor al anterior".

Como si ya fuera poco tener que generar una novedad constantemente en el mercado, el producto, sin el segundo supuesto, no puede salir a ofrecerse sin que esté en el presente, y es lo que denomino lo *llamativo*. Esta segunda característica no es más que la insulsa carcasa o ínfima modificación que no hace a la esencia del producto o servicio, y que es el anzuelo perfectamente atractivo en consecuencia de que lo que se ofrece. Para que esto suceda, se lo muestra mediante imágenes o sistemas de videos de corta duración que captan al cliente de forma abreviada para que pueda seguir observando en su pantalla otros productos o servicios que están disponibles.

Ya con el anzuelo a la mitad del bolsillo, como resultado de la captación y la pertenencia a la modernidad con "algo" llamativo, se genera el *vínculo* entre quien emite la oferta planificada y quien la recepta directa o indirectamente, resultado bien logrado mediante la invasión visual de imágenes embellecidas o unos meros segundos de fama fílmica, que generan mayor expectativa que la propia realidad. Este dúo entre lo moderno y lo llamativo forman un coctel perfecto para estrechar un vínculo entre ambos usuarios.

El estímulo para la aceptación social presenta pigmentos muy similares a lo que sucede con la televisión en cuanto a la imagen del producto, pero con la diferencia de que aquí la imagen se valora incluso hasta en grados mayores, porque el bombardeo visual es inevitable y constante. Y, sobre todo, ofrece la posibilidad de interactuar con el expositor de diversas formas, desde la notificación de alerta hasta la conversación privada.

Mientras esto ocurre y nuestras vidas son constantemente redireccionadas al consumo social y digital de modernidad, la segunda cuestión que abarca a los manteros digitales es la *competencia desleal,* que se libra en el mercado virtual y que pasa inadvertida a consecuencia de la carencia de regulación legal segmentada en el espacio informático de la red y de la falta de poder de policía en las operaciones virtuales.

En la vorágine de vender y recaudar para volver a vender y seguir recaudando, la competencia desleal se sostiene sobre tres pilares principales que hacen que se mantenga en pie. El primero encuadra en las irregularidades de facturación que existen en las transacciones de la compraventa digital (al igual que sucede, como ya dijimos, con quienes no tienen otra solución que la de ofrecer sus productos en la vía pública por falta de trabajo estable y que son considerados infractores), al ofrecer productos modernos y llamativos, ocurre el hecho de que esta infracción pase inadvertida y, como si fuese por arte de magia, pasan a autotitularse *emprendedores.*

Los supuestos emprendedores de la evasión consentida se encuentran en un mercado liberado que, más allá de especular con la oferta y la demanda, escapa de todo control tributario, para operar libre de cargas e impuestos.

Cuanto más nos encontramos escarbando en el asunto, más éste nos deja ver el gran negocio que cobra vida en la red. El próximo sostén se ubica en la procedencia de los productos que pueden ser el resultado de un destino final en el estado primario que se encuentra, o que pueden ser manipulados para la obtención de otro resultado. Este va de la mano en cuanto a la facturación, dado que, si la cadena comienza con un producto obtenido de manera ilícita, el resultado deberá esquivar cualquier carga tributaria que lo justifique.

Y al final encontramos la publicidad del producto o servicio, que penetra e invade las mentes sensibles de corrosión consumista, a las cuales no les interesa si lo que están viendo se encuentra cumpliendo los requisitos legales requeridos, o si esa competencia en el mercado desplaza y corrompe a quienes cumplen con las reglas establecidas para el correcto funcionamiento de la actividad comercial.

El tercero del cuadro y a su vez el último tiene que ver con las *infracciones* y *evasiones,* donde jugarán un rol de suma relevancia y urgencia las *habilitaciones* y los *controles.* Las habilitaciones son aquellas autorizaciones necesarias que requieren los distintos rubros para que puedan operar en el mercado, consistentes, según el caso, en planos, certificados, inscripciones, inspecciones de seguridad e higiene, etc., que se exigen para el correcto funcionamiento y comercial. Otra de las causas que preocupa es aquella relacionada con los controles que deben pasar los establecimientos y los productos para su comercialización. La mira está puesta, sobre todo, en los productos alimenticios, ya que la ley argentina recoge en sus textos cómo debe ser el tratamiento y la manipulación de los alimentos en cuanto a la previa puesta a disposición en el mercado para los potenciales consumidores, y que dice lo siguiente: *"Queda prohibido elaborar, fraccionar, manipular, tener en depósito o expender productos alimenticios fuera de los establecimientos habilitados a tales fines por la autoridad sanitaria correspondiente"*[28]. Como se desprende de la mismísima ley, está totalmente prohibido operar sin la habilitación reglamentaria que corresponderá en cada caso dependiendo de la forma en que se manipulen los alimentos.

Siguiendo el camino de los alimentos, los controles, en cuanto a lo que respecta a la bromatología, tampoco estarían siendo realizados, lo que resulta bastante severo y perjudicial para el consumidor.

El último punto es un tanto controvertido. Luego de tanto esfuerzo por parte de organizaciones sin fines de lucro y de interesados en el tema para conseguirlo, se observa la falta de *información* adecuada, suficiente y veraz del contenido del producto, por lo cual no se sabe a ciencia cierta si el mismo produce algún tipo de reacción corporal en determinadas personas alérgicas o aquellas afectadas por ciertas enfermedades crónicas. Asimismo, no se hace referencia al contenido alimenticio en cuanto a sus aportes energéticos y sus calorías, como tampoco a su composición.

Así como con el producto alimenticio, ocurre con otros de distintos rubros, como puede ser el de autopartes, o el de venta de animales, que en los últimos tiempos ha generado bastantes críticas en cuanto a la venta indiscriminada de animales exóticos o silvestres sin control alguno.

---

[28] Artículo 15 de la ley 18.284 (Código Alimentario Argentino).

9. EL ACOSO PUBLICITARIO

El nuevo mercado publicitario en línea se basa en consolidar la posición del perfil o página, en la cual se ofrece el bien y/o producto a comercializar. Este es uno de los pilares fundamentales del financiamiento que tienen los buscadores o las redes sociales como Instagram y Facebook, entre otras. A decir verdad, todas estas comienzan de la misma forma: son prototipos de observación del comportamiento humano en base a sus gustos, tendencias y poder adquisitivo, que agrupa a los sujetos en lo que sería una especie de círculos en los que, en ciertas ocasiones, quedan interconectados. Los usuarios se clasifican en categorías: aquellos que utilizan las plataformas para uso personal y aquellos para fines comerciales. Quienes las utilizan como fuentes comerciales son aquellos que, tarde o temprano, deberán contribuir para publicitar sus bienes o productos para lograr el posicionamiento de la cuenta por encima de sus competidores, esto debido a que el mismo sistema, mediante técnicas que conllevan aprendizajes con *software* e inteligencia artificial, es el encargado de regular el uso de la red y el alcance a perfiles con los mismos intereses o búsquedas relacionadas con lo ofrecido.

Como se puede apreciar, el sistema moderno que se ha pergeñado es inverso al método tradicional de la publicidad que aún se desarrolla en otros ámbitos, como el de la televisión o el de los diarios y revistas. En el método tradicional, publicitar bienes, productos o servicios quedaba a cargo de quien los ofrecía si requería que estos tuvieran mayor alcance de clientes y repercusión sobresaliente. Hoy, con el nuevo modelo, el producto se ofrece libremente sin restricciones, haciéndole creer al usuario comerciante que lo que él tiene para brindar se encuentra al alcance del mundo; pero aquí es donde está el error más común en el que todos los perfiles caen, ya que la misma máquina de la plataforma, de forma autómata y mediante algoritmos, va trabajando para ralentizar el proceso y el estancamiento de esa cuenta, haciendo necesario que se deba incurrir en el gasto de publicidad para que ésta vuelva a la carrera por mantener un estatus destacado dentro de la plataforma. Hay que tener en consideración que las cuentas dentro de las redes sociales también trabajan con las respuestas de los seguidores en cuanto a los comentarios que brindan, visitas que tiene el perfil, contenido que se sube y todo tipo de interacción que puedan tener. A esto se lo denomina *"feedback"*, por lo que resulta ser una necesidad constante la devolución en la interacción para seguir posicionado, y esto acrece cuando la publicidad es mayor.

Entonces, por lo visto, lo que el nuevo modelo de publicidad genera es que el gasto que se deba erogar para posicionamiento no sea voluntario, sino que éste resulta ser inevitable y constante.

Otra característica de este modelo de publicidad que se ha logrado establecer, es la que ofrece que se puedan abonar pequeñas sumas pecuniarias por cortos intervalos de tiempo en la publicitación o la posibilidad de fraccionarlo, y así repercutir de igual o mayor forma que el estilo anterior en cuanto al gasto. Al poder fraccionar el precio y el tiempo de la publicidad, se le hace creer al operador que está evitando abonar grandes cantidades de dinero, situación en la que, para seguir vigente en el mercado digital, deberá seguir erogando sumas monetarias durante todo el tiempo que pretenda ser parte de éste.

Ante la obvia necesidad de obtener dinero para de esta forma poder seguir sosteniendo el desarrollo y el mantenimiento de las plataformas, como así también el funcionamiento de la interacción mediante inteligencia artificial que provoca la necesidad de posicionamiento, el consumo de la publicidad se ha vuelto exageradamente abultado y sin control propicio, con el consiguiente encarecimiento del producto final.

Observemos ahora cómo están compuestos los círculos que ya hemos anoticiado, que presentan la característica de estar interconectados en algún punto.

El sistema, en una estructura básica, brevemente ha de funcionar de la siguiente modalidad:

1) Se dispone de una figura central que logra captar al usuario para retenerlo en un mundo virtual e intangible que lo distraiga del exterior[29] el mayor tiempo posible.

2) Para que esto pueda ser posible y masivo, se debe eliminar cualquier barrera pecuniaria entre la red social y el usuario, y ofrecerse de forma gratuita.

3) Una vez que el usuario está dentro de la máquina, se absorben sus datos personales, geográficos y aquellos que hacen a sus preferencias de búsquedas en la misma plataforma.

4) Como la plataforma no puede ser gratuita realmente, ocurren dos circunstancias: la oferta barata de publicidad para poder ofrecer bienes y servicios sin control alguno; y la compraventa de datos a empresas de consumo masivo, partidos políticos, etcétera.

5) Por último, se alcanza el objetivo y se concreta el consumo, tanto de la publicidad como el de la venta de datos.

Ante la necesidad de tener que recurrir constantemente a la publicidad para que esa cuenta no quede en el olvido y la competencia que esto entonces origina, la publicidad, más que un bien para la marca, termina siendo un acoso constante para los usuarios. En otras ocasiones, levanta sospecha cuando se tiene la idea de que al usuario se lo está escuchando, ya que se ha demostrado en reiteradas veces, al abrir alguna que otra red social, que aparece publicidad sobre lo que se ha estado conversando en ese momento. Suele presentarse este fenómeno con mayor frecuencia cuando se trata de alimentos.

10. LOS USUARIOS COMO OBJETOS DE PUBLICIDAD

Al fin y al cabo, tantas tendencias espirituales de liberación y encuentros con nuestro ser interior. Tantas banderas y simbología que nos ponemos al hombro para defender con uñas y dientes nuestras creencias. Tanta milicia criolla que toma las calles para defender los intereses de la Patria. Y con todo esto nos creíamos seres impenetrables de ideologías bien arraigadas,

---

[29] Por eso, si se observa con claridad, ninguna de estas matrix han de ser en grupo; son todas de características individuales, para así poder captar a cada persona de manera particular.

pero tarde o temprano resultamos ser tan vulnerables y carentes de ideales que terminamos consumiendo aquellos productos y felicidad creada en base a necesidades colectivamente implantadas por el marketing. Y como si esto fuese poca cosa, nos abrimos al mundo social cibernético sin reparos para dejarlo entrar en nuestras vidas.

Como consecuencia del encontronazo constante entre nuestra personalidad y el modelo social implantado, dentro de este universo de las redes sociales y la tecnología de la información, se puede apreciar una nueva modalidad publicitaria en auge, como ya se ha expuesto, pero en donde ahora las marcas también han desarrollado otra peculiar modalidad para seguir usándonos, y que consiste en la utilización de los usuarios de las redes sociales, sin consecuencias negativas, para crear falsas publicidades en relación de ciertas mercancías o servicios.

Éste es otro hecho que, inconscientemente, pasa desapercibido para un amplio público de usuarios en la red. De la misma manera que lo viene haciendo desde hace décadas el logotipo de las marcas en sus productos – especialmente en la vestimenta— que gratuitamente sus consumidores van ofreciendo como publicidad cuando los llevan puestos, lo mismo como sucede en los dispositivos que tienen en su hogar o su vehículo.

Recuerdo que enlatelevisión sucedía que losinvitadosaciertos programas o participantes de algunos de esos que abarataban costos haciendo que los invitados sean los que le den vida al show, cuando estos hacían referencia a cierto producto o marca sin la autorización correspondiente, se les advertía que no podían nombrarlos porque corrían con la consecuencia de tener que abonarle a la propietaria los correspondientes cargos por el uso inapropiado y los derechos de autor. En otros casos ocurría también tenían que taparle la marca a algún envase de producto para evitar confortamientos con la misma, lo que era recurrente en las telenovelas o filmaciones de exteriores donde aparecían. Debo confesar que desconozco cómo es la metodología que se emplea ahora en los programas televisivos, ya que soy parte, como sucede con la mayoría de nosotros, de los que considera que la televisión, más allá de ser un objeto pedante y aburrido, es obsoleto en cuanto a su contenido, a diferencia de la programación *streaming*.

Ahora en este medio ambiente digital podemos observar que justamente está pasando lo contrario, no solo que las empresas no presentan acusaciones contra el hecho de publicitar o nombrar sus marcas sin consentimiento contra los usuarios, sino que no dejan de observar el comportamiento de los conectados para luego poder ofrecerles otros productos o servicios de manera *"gratuita"*, para que puedan hacerles la publicidad necesaria y así aumentar sus ventas[30]. Este es el caso de los denominados *"influencers"*, que supuestamente cumplen, como todo producto dentro de este mercado, una función particular, consistente en tratar de influir en la vida de los demás mostrándose constantemente en línea dentro de una plataforma determinada de las redes sociales, en las cuales estos sujetos terminan resultando ser una especie alternativa a los actores o modelos publicitarios, pero de bajo presupuesto, y que al contar con cuentas posicionadas dentro de alguna red social, terminan resultando prácticos para que las empresas puedan publicitar sus productos y reducir los costos de los tradicionales métodos publicitarios.

No solo las empresas que recurren a los servicios de los *influencers* generan dinero, ya que, de lo contrario, no sería redituable el negocio. Las mismas redes sociales, sin hacer nada más que brindar la plataforma gratuitamente para los usuarios, y de algún modo paga para las empresas, generan millones de dólares anuales gracias a la desesperación de la publicidad para la oferta y la demanda.

Como vimos, y para concluir con el tema de la publicidad bien lograda que supieron conseguir las empresas de redes sociales, hay que dejar en claro que las cifras a las que ascienden los anuncios publicitarios a nivel mundial son multimillonarias. Que no solo las empresas que quieren posicionarse acrecientan sus ingresos al momento contratar a estos personajes influyentes, sino que los mismos hacen resaltar indirectamente al nombre de la plataforma que está brindando el servicio. *"El comerciante no vende su producto al consumidor, vende el consumidor a su productor. Mejora o simplifica su mercancía, sino que se degrada y simplifica al cliente"[31]*. Estas palabras de Burroughs pronunciadas setenta años atrás, demuestran que la evolución humana va ligada a la mano dentro del bolsillo y las cuentas bancarias abultadas, y no con la cultura y el saber.

---

[30] Hay que diferenciar entre quien hace alusión a una marca, porque está utilizándola o porque aparece circunstancialmente en una imagen, de quien ilegalmente está publicitando una marca para su venta y no tiene las garantías legales para hacerlo, como sucede con aquellos que cuentan con la exclusividad de una determinada marca para obtener réditos económicos y son los únicos que puedan trabajar con el producto.

[31] William Burroughs, *Almuerzo al desnudo*, 1959.

Capítulo IV

LOS DATOS Y LA INTELIGENCIA ARTIFICIAL

1. LA IMPORTANCIA DE LOS DATOS PERSONALES

El mercado de los datos personales es la estrella encubierta de Internet. La introducción de bienes y servicios al espacio digital para su comercio abrió un camino de compra y venta de datos personales entre las empresas, que cada día resulta ser más competitivo. Las compañías se han adaptado a la red y así, de esta forma, procuran obtener masivos beneficios. La aparición de empresas de procesamientos y venta de información del usuario ha revolucionado el mercado. Este se disputa la obtención de los datos que los usuarios de la red ofrecen en línea, para después poder analizar las variables de la oferta y la demanda para el consumo.

Hay que tener en cuenta que estos datos son resultado de estudios de campo de la sociología y el marketing, que observan las variantes en los gustos y comportamientos sociales. El hecho de brindar los datos personales a las empresas mediante la creación de perfiles digitales, implica tanto como, en otros tiempos, la oportunidad de poder observar, desde la planta alta de un comercio, el comportamiento de quienes se encuentran llevando a cabo sus compras, para así obtener el conocimiento de las preferencias de los consumidores, a fin de incrementar las ventas.

Si bien la cantidad de trabajos de este tipo se ha incrementado durante los últimos años, existe una altísima demanda laboral presentada en el mercado actual de especialistas en la materia, denominada *ciencia de datos*, que, gracias a los escasos profesionales que se encuentran desarrollando esta especialización dentro de la rama de la informática, la Universidad de Buenos Aires, como universidad nacional y de carácter público, lanzó la carrera con título en Licenciatura de Ciencia de Datos, ya que hasta el momento solo era ofertada por entidades educativas privadas. No quedan dudas de la relevancia actual del tema para que esta prestigiosa universidad decida crear una carrera dedicada al estudio solamente de esta ciencia.

Hoy la importancia que se le da a los datos alojados dentro de la red diariamente es capital, al punto que estos serán los que determinen gran parte del comportamiento humano individual y social en una amplia variedad de aspectos. Es por esto que con cada búsqueda ingresada o con cada movimiento que se genera es un número más en la cuenta para ser recolectado.

2. MOTORES DE BÚSQUEDA E INTELIGENCIA ARTIFICIAL COMO PROCESADORES DE DATOS

Los motores de búsqueda, o simplemente como se denominan en la jerga de los usuarios, "los buscadores", como son el caso de Google o Yahoo, entre otros, les habilitan a los cibernautas la posibilidad de obtener resultados de todas aquellas cuestiones que se desean encontrar en la red. Los buscadores almacenan información, ya sea de fuentes que tienen un respaldo de veracidad, como de aquellos no verificados. Para que este proceso de búsqueda logre ser más eficiente, y a su vez se puedan economizar tiempos para la obtención de resultados, se han introducido complementos novedosos, como la *inteligencia artificial*.

Uno de los tantos aportes que tiene la inteligencia artificial al nuevo mecanismo interno de recopilación de información, es el que permite al mismo tiempo analizar el comportamiento del usuario en base a las consultas que este va realizando, y que es canalizado a través de un sistema de sofisticada complejidad para el manejo de los datos, por lo que se orienta a medida que avanza su uso a mostrarle al operador los resultados de preferencia en consecuencia de lo que viene buscando. Por eso a veces observamos que al introducir solamente una letra ya nos sugiere algún sitio que visitamos con frecuencia, o en otras ocasiones, cuando llevamos a cabo determinadas búsquedas consecutivas, al ir introduciendo letras, nos va recomendando de forma predictiva similitudes con lo que veníamos introduciendo.

Los motores de búsqueda, que trabajan entonces con estos sofisticados programas de aprendizaje, van configurando el sistema predictivo, que en cierto modo al usuario le brindan comodidad, ya que tienden a seguir una línea de preferencias.

Dado a que el ingreso de datos a nivel mundial representa cientos de millones por segundo, y que cada uno de estos tiene un valor inimaginable para el comercio, existen empresas que cumplen la función de recopilación de esta información, para luego ofrecer ese análisis a otras, dispuestas a adquirirlo para alertar a los usuarios sobre nuevos productos o servicios que pueden resultar de sus intereses.

Entre los sistemas más modernos y conocidos para el tratamiento de los datos existen aquellos que son procesados por un mecanismo de aprendizaje automático, denominado *machine learning*, que permite a las computadoras, mediante la ayuda de inteligencia artificial, desarrollar técnicas de aprendizaje automatizado. Al poder analizar, procesar y retener los datos aportados por los usuarios a niveles sobrehumanos, los *softwares* agrupan, en diversas categorías, los gustos y actividades en los que los usuarios más hacen hincapié, por lo que todos estos datos son los codiciados por las empresas de bienes y servicios. El *machine learning* se encuentra dividido en dos estructuras para que esto funcione, en donde vamos a ver un aprendizaje supervisado y uno no supervisado.

El primero, permite buscar patrones en datos históricos relacionando todos los campos con un campo específico. El ejemplo más común es aquel que trabaja sobre el correo electrónico, observando aquellos que se reportan como *"spam"*, para buscar similares características que permitan en un futuro identificar otros de esta índole y etiquetarlos directamente en esa categoría.

En cuanto al segundo, el no supervisado, usa datos históricos que no se encuentran etiquetados, con el fin de explorarlos y encontrar alguna forma de organizarlos.

Otro sistema es el de minería de datos, que tiene por objetivo descubrir algunos conocimientos dentro de un área donde este resultaba escaso. La diferencia entre estos dos radica en que la minería de datos descubre patrones anteriormente desconocidos, mientras que el *machine learning* reproduce patrones conocidos y hace predicciones basadas en esos patrones mediante el aprendizaje automatizado.

Una situación que podemos observar nuevamente frente a los buscadores es la presencia de los monopolios, que se hace efectiva, en este caso, entre unos pocos (oligopolio), como Google Chrome, Mozilla, Internet Explorer o Safari, que resultan ser los más populares para poder llevar a cabo cada acontecimiento de consulta y, a su vez, que son los que mayores datos procesan y guardan de sus usuarios.

3. GEOLOCALIZACIÓN

Un punto sin lugar a dudas para destacar es el poder que tiene la red para brindar nuestra geolocalización a las empresas que moran dentro de ella gracias al GPS instalado que llevan los dispositivos electrónicos modernos como los teléfonos inteligentes. Al abrir los diferentes buscadores o las diversas aplicaciones, ya sea desde una computadora o desde un dispositivo móvil, el servicio nos ofrece recomendar su búsqueda de acuerdo al lugar geográfico en el que nos encontramos ubicados en ese entonces. Correctamente, el eslogan consiste en que operar de acuerdo a la geolocalización del usuario el servicio brindará un mejor resultado de la función, como así también la optimización de la operación que se quiere llevar a cabo.

Detrás de este buen funcionamiento se ubica el procesamiento de datos que va a recolectar y asimilar cada búsqueda introducida, y así, de esta forma, matematizar el conjunto de algoritmos para luego almacenar esa información, que, como ya se explicó en los puntos anteriores, será puesta, en ciertas ocasiones, en el mercado para su compraventa.

La venta de datos no solo opera dentro del mercado de las empresas que ofrecen bienes y servicios, sino que también estos son requeridos por los partidos políticos. Con ellos existe un trasfondo consistente en observar las necesidades cuya satisfacción la gente demanda a sus políticos, la proporción de población que brinda apoyo a unos y a otros, y todo aquello que puede servir para la utilización de la campaña política.

El sistema de GPS que se encuentra integrado en cualquier dispositivo móvil permite, más allá de su función específica, que ingrese información de los lugares que vamos recorriendo y que en el preciso instante resulte procesada, para que luego –de manera predictiva— el sistema nos ofrezca sitios o servicios que fuimos configurando con anterioridad, cada vez que aportamos los datos de ubicación con nuestro paso frente a ellos, adaptados a nuestros supuestos intereses para orientar nuestro consumo hacia lo que ellos consideran que nos gustará.

4. TRABAJO E INTERNET: INTELIGENCIA ARTIFICIAL COOPERATIVA

El hecho de haberse modificado sustancialmente las modalidades de trabajo y la dependencia concreta de estar conectados para llevar a cabo en parte nuestras tareas gracias al avance tecnológico y la ampliación del uso de Internet, puso inicio a la cuarta revolución industrial que se inició desde fines del siglo XX. Hoy se observa que el avance tecnológico, ligado a la conexión de Internet, acapara desde los rubros más primitivos de producción y trabajo hasta las nuevas modalidades que siguen surgiendo en su apogeo.

Las labores en el ámbito de la agricultura y la ganadería fueron de los más sorprendidos por el impacto de las tecnologías, debido a que su estructura es de las más involucionadas tecnológicamente en el mercado. Se encuentran hoy con avances sorprendentes en cuanto a la maquinaria y los sistemas de *software* que pueden requerirse para el desarrollo de las actividades. La innovación en la utilización de drones en cuanto a la vigilancia de la cosecha o de los animales, y de máquinas predictivas del clima y de probabilidades de resultados a futuro, son las nuevas figuras del mercado para este sector.

Más allá de los avances en cuanto al sistema de riegos y maquinarias para la siembra, hoy el sector agropecuario tiene un gran progreso tecnológico, listo para mejorar la productividad de sus bienes y recursos humanos, pudiendo reducir costos y prever las ganancias a futuro.

En el caso de la medicina, tanto Internet como los mecanismos de inteligencia artificial han logrado alcanzar un auge de predicción y evicción de enfermedades, como también lo han hecho con nuevos tratamientos y modalidades de servicios médicos. Con la combinación de Internet y la inteligencia artificial han surgido nuevos aparatos para el trabajo diario. Un caso sorprendente es el del robot titulado Da Vinci[32], que fue diseñado para poder llevar a cabo intervenciones quirúrgicas de alta complejidad.

En este futuro inmediato, resulta novedoso observar que un país como Estonia, desde el año 2019, ha pensado en la introducción de "jueces robots" como el primer país europeo en llevar a cabo este sueño[33].

Lejos de Europa, y en terreno asiático, la República Popular China (la que es una celebridad en el desarrollo de la inteligencia artificial) sacó a la luz y dio a conocer a "Xiao Fa", el primer asistente artificial diseñado para tratar causas penales, que fue testeado por primera vez en 2004. Pareciera ser que Xiao Fa fue un éxito, porque para el año 2017 se ha establecido,

---

[32] El Sistema quirúrgico Da Vinci es un equipo de cirugía robótica, compuesto de una consola por la cual el médico cirujano opera a través de los brazos que se sitúan sobre el paciente, y así optimizar los resultados de precisión que no le son brindados por la mano humana.

[33] Primicia otorgada por Otto Velsberg, director de datos del gobierno de Estonia, ala revista thetechnolawgist.com

en la ciudad de Hangzhou, el primer tribunal cibernético, expendiéndose a ciudades como Beijing y Guangzhou.

China, hoy en día, ha estado desarrollando lo que denomina "la red de cámaras más grande del mundo", que cuenta con 170 millones de dispositivos instalados para la seguridad de sus ciudadanos, y la adaptación de datos biométricos para el reconocimiento facial a la hora de viajar en tren, entre otras cosas.

Por el mismo camino, Singapur, gracias a la empresa líder en robótica, Boston Dinamycs[34], ha implementado un sistema de trabajo de vigilancia y control con los denominados Dog´s Robot´s para combatir la distancia social en los parques en tiempos de pandemia de covid-19, que cumplen sus funciones mediante el uso de inteligencia artificial.

En este futuro, que hace rato llegó, se encuentra en desarrollo el transporte junto a los sistemas de inteligencia artificial ¿Pueden imaginarse cómo se verán los vehículos autónomos impulsados por esta tecnología? Lamentablemente, nos guste o no nos guste, los vehículos automatizados llegaron y con ganas de quedarse. Sin embargo, su uso todavía no se encuentra en desarrollo en tierras argentinas.

Cuando se habla de vehículos o medios de locomoción, no solo hablamos de automóviles, sino que se está haciendo referencia a todo tipo de vehículos: subtes (como el metro de París, que desde hace un tiempo que ya no presentan conductor humano), trenes (como en China, siguiendo la misma dinámica) y ahora es el momento de los automóviles, como pueden ser los de la empresa Tesla.

¿Es posible imaginar en un futuro grúas inteligentes capaces de procesar datos y movilizar grandes volúmenes de material? No hace falta hacerlo, ya que la empresa Israel Intsite[35] ha logrado llevar esto adelante.

Parecía hasta hace unos años impensado ver vehículos conduciendo o maquinarias haciendo tareas propiamente humanas de forma autónoma; pero el momento llegó y habrá que contemplar si llegó para bien, para poder brindar empleos prósperos y dar de baja trabajos que presentan riesgos para los operarios. No obstante, la aplicación de inteligencia artificial a los procesos laborales de distinta índole deberá ser en base a una *inteligencia artificial cooperativa* que beneficie el desarrollo productivo y las ganancias de los empresarios y de los trabajadores; que permita reducir las probabilidades de accidentes por parte de los empleados;

---

[34] https://www.bostondynamics.com/

[35] Empresa líder y pionera en el ámbito del desarrollo de maquinaria inteligente.

que fomente la eliminación de mano de obra precarizada, abriendo las puertas a puestos de trabajo capacitados; y que, además, sea beneficiosa para un trabajo más saludable para sus operarios y ecológico para con el medio ambiente. ¿Querrán compartir estos beneficios los empresarios con aquellos trabajadores a quienes privaron de su trabajo al poner una máquina en su lugar? ¿Lo hicieron en otras oportunidades? ¿O dejarán que engrosen las masas de desocupados?

5. EL CASO DE EUROPA SOBRE LA INTELIGENCIA ARTICIAL

Con la publicación del Libro Blanco sobre la Inteligencia Artificial, en lo que hace referencia a la inteligencia artificial se deja ver la aspiración que tiene la Unión Europea en llevar a cabo un programa de estudio y desarrollo a nivel regional de este tipo de tecnología. De lograr la implementación de esta meta, le permitiría en el plazo de cinco años alcanzar el súmmum de la temática.

El linaje que esta integración de estados europeos sigue en parte la fomentación de un mejor servicio en la vida cotidiana de sus ciudadanos, en el quehacer interno y externo de las empresas privadas y en la eficiencia de los servicios públicos.

En los primeros parágrafos del Libro Blanco puede observarse que la aplicación de la inteligencia artificial estaría proyectada a la ayuda de la atención sanitaria, la agricultura, la seguridad y el transporte de pasajeros, entre otras. Hoy en día, la inteligencia artificial es el mayor centro de almacenamiento de datos de consumidores, no solo como se señala en Europa, sino en todo el mundo, implementando técnicas como redes bayesianas, *data mining*, de *machine* y *deep learning*, entre otras, como es el caso de la red social Instagram, para detectar perfiles con audiencias menos sólidas respecto de "seguidores y me gusta" en un perfil.

El objetivo que tiene la UE es buscar el crecimiento de esta tecnología mediante el incentivo de la estructura privada, haciendo un doble juego con el sector público[36].

Resulta evidente que, para lograr dicha meta, un Estado o un conjunto de ellos no puede destinar dinero, estructura física y capital humano para lograrlo.

---

[36] Según el plan coordinado sobre la inteligencia artificial, debe haber un mutuo trabajo entre las empresas privadas y el sector público para el desenlace de la I.A.

La Comisión Europea entiende que dicho continente cuenta con prestigiosos centros de investigación y empresas innovadoras en materia tecnológica e inteligencia artificial, lo que hace que se posicione en un rango de liderazgo por su sólida infraestructura informática. Es por esto que para llevar a cabo dicho proceso deberá contar con la participación de los mejores técnicos del mundo y poner el ojo en distintos países para sus búsquedas.

En el año 2018, la Comisión creó el denominado Grupo de Expertos de Alto Nivel sobre Inteligencia Artificial, precedido por Pekka Ala-Pietilä, quienes formularon las Directrices Éticas para una Inteligencia Artificial Fiable. Dentro de las directrices se puede ver que esta inteligencia se apoya en los cimientos de la licitud, la ética y la robustez[37]. Al introducir el plan coordinado sobre inteligencia artificial y al grupo de expertos citados, el conjunto de países europeos encara de lleno la carrera en la búsqueda de que todos los Estados que la integran, en un lapso específico de años, procuren estar en igualdad de condiciones frente a esta tecnología.

Por último, la Comisión apela a que dentro de los próximos años se busque, además, la manera de reducir costos y elevar el resultado de las investigaciones. Para esto plantea que se debe lograr la optimización de los procesadores que ponen en marcha la inteligencia artificial, y les deja este trabajo a las empresas de carácter privado.

Como podemos observar, Europa no solo se encuentra comprometida con Internet, sino que apuesta más allá, en un futuro próximo, a comenzar a programarse sobre el avance de la inteligencia artificial, sus oportunidades de crecimiento y cómo deberá reducir el impacto en la ciudadanía, optimizando los resultados de la seguridad, el trabajo y el confort humano. Entiende que para lograr estar a la vanguardia necesita implementar estas medidas en la materia, y refleja que el correcto acceso a Internet debe ser cosa del pasado.

6. SERVIDORES EN EL POLO NORTE, EN EL OCÉANO Y ¿EN EL ESPACIO?

¿Por qué plantar bases de servidores en lugares remotos con temperaturas heladas, en el océano o fuera del planeta?

---

[37] La propuesta presentada en Ethics Guidlines For Trustworthy I.A. requiere que el desarrollo se lleve a cabo dentro de estas tres propiedades para que tenga buenos resultados.

Supuestamente, la compañía Facebook ha instalado parte de su conjunto de servidores en el norte de Suecia, y así, con esto, además de expandir el trabajo hacia lugares remotos y menos poblados, y lograr que con el frío polar se reduzcan en un 70% los procesos de control de temperatura que emiten este *hardware*.

Por otro lado, la compañía del famoso creador del sistema operativo Windows, Bill Gates, ha innovado de forma exitosa en servidores que se encuentran trabajando sumergidos en el océano, manteniendo cierta prudencia con la distancia de la superficie para evitar que puedan ser dañados por diversas embarcaciones, y que, según los dichos de la compañía Microsoft, estarían siendo alimentados por el efecto que desprenden las olas cuando vibran junto a los servidores, y no conectados a la corriente eléctrica, lo que resultaría más amigable para el planeta.

Dentro del diverso conjunto de ideas que se ingeniaron para instalar servidores en lugares inhóspitos para la vida humana, las más recientes de estas han propuesto ocupar un lugar mucho más lejano del alcance de cualquier persona común, y que tiene como protagonista el espacio exterior. Allí acondicionarán la colocación de los nuevos servidores que, de esta manera, podrán realizar una mejora en la distribución de los datos que en ellos se encuentran almacenados.

Desde estas ópticas, y según sus criterios, pareciera que las compañías están apostando al cuidado y desarrollo de un ecosistema que se basa en tratar de ser un poco más auto sustentable, con el fin de evitar ser menos perjudiciales para con el medio ambiente frente al impacto que producen las nuevas tecnologías. Pero, por otro lado, existe una doble moral de estas empresas en cuanto a esta cuestión, ya que comienzan a vislumbrar que con el pretexto de reducir los perjuicios del impacto ambiental que puedan llegar a generar sus artefactos, al ubicar los servidores en lugares fuera del alcance de la ley, se desligan de responsabilidades legales frente a cualquier dilema que se presente con sus servicios.

Capítulo V

LAS REDES SOCIALES Y SUS USUARIOS

1. ¿QUÉ SON LAS REDES SOCIALES?

Tanto que se dice que en las redes sociales hay esto, hay lo otro, sucede esto o sucede aquello ¿Pero sabemos realmente qué significa el término red social?

Según el Diccionario Panhispánico del Español Jurídico[38], una red social está definida como *"Servicio de la sociedad de la información que ofrece a los usuarios una plataforma de comunicación a través de Internet para que estos generen un perfil con sus datos personales, facilitando la creación de comunidades con base en criterios comunes y permitiendo la comunicación de sus usuarios. De modo que pueden interactuar mediante mensajes, compartir información, imágenes o videos, permitiendo que estas publicaciones sean accesibles de forma inmediata por todos los usuarios de su grupo"*.

Por otro lado, según Oxford Languages, que también brinda una definición para el concepto de lo que es una red social, lo caracteriza de la siguiente manera: *"Página web en la que los internautas intercambian información personal y contenidos multimedia de modo que crean una comunidad de amigos virtual e interactiva"*.

Hasta este punto y con estas definiciones brindadas se puede apreciar que una red social es un sistema digital de comunicación que permite que se lleve a cabo su funcionamiento gracias a la conexión al sistema de Internet, que posibilita interactuar entre diversos usuarios dentro de una comunidad virtual para fines lícitos en su interacción.

Se puede observar, a partir de los conceptos brindados por estas dos entidades, que *en ningún momento se emplea la palabra comercio, mercado o transacciones.*

A medida que sigamos avanzando dentro del presente texto, iremos viendo cómo las mismas redes sociales fueron quienes encontraron la forma

---

[38] Diccionario de la Lengua Española, Real Academia Española (RAE).

de llevar a cabo una distorsión de esta función primordial, que surgen de las definiciones transcriptas, para ir abriendo paso a otras ramas de sus estructuras mal intencionadas, como es la recolección de datos ingresados por sus usuarios, el mercado sin control ni regulación, la publicidad como método de financiamiento, el posicionamiento de las cuentas para no sufrir caídas por la competencia y las falsas noticias que se publican continuamente en búsqueda de ocasionar un daño.

2. LOS USUARIOS EN LAS REDES SOCIALES

Hoy en día, cualquiera de nosotros que se encuentre frente a las posibilidades de un acceso decente al servicio de Internet, puede observar que las redes sociales han ganado el primer lugar en el mundo digital en cuanto a su demanda para el consumo. Que las mismas se encuentran ocupando gran parte del tiempo libre de los individuos modernos, e incluso en algunos casos, proporcionan una fuente directa de trabajo activo.

Observar este fenómeno no siempre resulta sencillo, ya que no podemos dejar librado al azar cuestiones que van a resultar de relevancia si quiere estudiarse cuáles fueron aquellas circunstancias por las que mutaron sus prestaciones principales.

Iniciando entonces este largo camino, en lo primero que debemos reparar a los efectos del análisis es en el comportamiento de los usuarios en cuanto al consumo que existe dentro de las plataformas digitales que brindan los servicios de redes sociales. Se estipula que en el correr de todo el año 2019, un 99% de los usuarios que frecuentaron las redes sociales de una manera generalizada obtuvieron sus ingresos dentro de las plataformas mediante la ejecución de sus dispositivos móviles. Ello demuestra el súmmum que representa el teléfono inteligente en el nuevo modelo de estilo de vida moderno, que requiere estar siempre conectados.

Resulta bastante obvio que el acceso a las redes sociales se hace mediante dispositivos de telefonía móvil, ya que para estas alturas si no es el mejor amigo de nuestro bolsillo y fémur, pelea el primer puesto con la palma y los dedos de la mano. Como solían decir hasta hace no muchos años los vendedores dentro del transporte publico, *"para la cartera de la dama y el bolsillo del caballero"*.

Siguiendo y para no desviarnos en puntos que veremos más adelante, se estipula que el usuario promedio de redes sociales presenta una característica en poseer un promedio de 8.3 cuentas sociales de diferentes plataformas, y el número se ve en alza hacia un 9.4 para el caso de las personas entre los dieciséis y los veinticuatro años.

Al leer esto nos puede parecer una extravagancia que el promedio sea el de tener ocho cuentas de interacción social para mostrarle al resto del universo lo que hacemos o pensamos, aunque lógicamente, si abrimos cualquier teléfono móvil, encontraremos instaladas al menos WhatsApp, Facebook, Instagram y Youtube, lo que nos lleva, en tan solo un abrir y cerrar de ojos, a la mitad.

Es por eso que, en esta sección, se analizarán algunas estadísticas que pretenden ser de suma relevancia para que tengamos en cuenta el fenómeno que representan las redes sociales dentro de las sociedad moderna.

Este relevamiento estadístico[39] arroja los resultados que se exponen a continuación. Existe un 97%, de todos aquellos usuarios que son consumidores digitales que han utilizado redes sociales durante el mes de junio de 2020. Por otro lado, y en una forma más generalizada, se detalla que el 84% de las personas que cuentan con la oportunidad de tener acceso al servicio de conectividad a Internet, han utilizado redes sociales alguna vez en su vida. Esto implica que en la interacción con el mundo digital se encuentra involucrado a más de un cuarto de los sujetos que tienen dicho acceso. Asimismo, un 50% de la población mundial está usando activamente redes sociales –ya sea con fines personales o fines comerciales—, lo que implica un crecimiento de 3.8 millones de personas, lo que estaría arrojando un incremento del 9,2% a la actividad con la que ya se contaba durante el período del año 2019. No todo es aburrimiento e interés por la vida de otras personas por mero pasatiempo; existe un 43% de los internautas que utiliza las redes sociales con fines laborales, y otro equivalente del mismo porcentual que las utiliza cuando están indagando características y funcionalidades de algo que quieren comprar.

Lo que llevamos visto hasta acá, dentro de esta primera parte, tiene implicancia en el acceso a nivel mundial representado por las distintas regiones continentales del globo. Ahora y como consecuencia de este fenómeno globalizado, observaremos cómo se distribuye esta accesibilidad a las redes sociales en cuanto a lo que hace a la cuestión geográfica.

El primer lugar está encabezado por dos regiones completamente divergentes una de la otra, ya sea esto por motivos geográficos como sociales y culturales, y que resultan ser las regiones de América Central junto con la de Asia Oriental, contando cada una de estas con un 84% de usuarios en situación de conectividad social, a las que les siguen muy de

---

[39] Las estadísticas son relevadas desde GlobalWebIndex y Hootsuites.

cerca las regiones de América del Sur, representada por un 83%, y América del Norte, con la representación de un 82%.

En el resto de las regiones, el acceso de usuarios está configurado de la siguiente forma, plasmada a continuación dentro del siguiente cuadro estadístico.

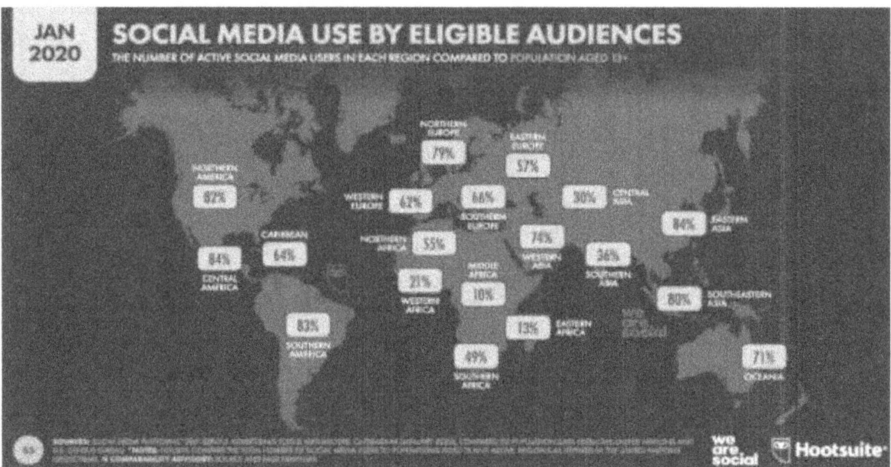

Una vez vistos los aspectos demográficos de los usuarios de redes sociales a nivel mundial, hay que abrir otra perspectiva de su consumo, y reparar en el tiempo que éstos le dedican a la interacción con las plataformas.

Dentro del tiempo en el cual los usuarios presentan conectividad a las diversas redes sociales, lo que vamos a apreciar es que, durante el año 2019, el promedio de permanencia de un individuo dentro de las redes sociales se posicionó en 2 horas 24 minutos diarios, lo que no significa que esta situación se presenta siempre que hayan sido consumidas esas horas desde un único dispositivo. Por otro lado, y en consecuencia de los resultados recolectados, ha quedado demostrado que el público adolescente de usuarios entre los dieciséis y veinticuatro años de edad fueron quienes permanecieron conectados mayor cantidad de tiempo, rondando cerca de las 3 horas diarias dentro de las plataformas.

Un punto indiscutiblemente relevante en cuanto a los medios físicos empleados para la accesibilidad durante el transcurso del año 2019 nos arroja un resultado en el cual el 99% de los usuarios concretaron sus conexiones desde dispositivos móviles. Seguramente aquí se encuentra una parte de la malversación de las compañías prestadoras de servicios de redes sociales, donde se debe resaltar que muchas de ellas, como es el caso de Instagram, no brindan la optimización de sus servicios dentro de una computadora convencional, como sí lo hacen dentro de un dispositivo móvil, o, mejor dicho, dentro de un teléfono inteligente.

Claro está que esto sucede porque este dispositivo móvil puede ser consultado continuamente, a diferencia de las computadoras, por las notificaciones que nos brindan aquéllos, las cuales son recibidas al instante sin la necesidad de que debamos ingresar en la plataforma para poder ver lo que sucede.

Continuando en este punto con lo visto hasta el momento, nos hallamos entonces con que existe un porcentual homónimo de usuarios que están utilizando las redes sociales para fines exclusivamente laborales, y que hay otro sector que lo utiliza para fines comerciales, desviando el concepto original de servicio para la comunicación entre usuarios de similares intereses. Por ello, dentro del área del comercio, y ya en la parte más cuestionada, se desarrolla el aspecto de la publicidad de los productos y los servicios en línea, para los cuales el gasto proyectado para el año 2020 se vería con un incremento de un 20% al del año anterior[40], demostrando que el comercio dentro de las redes sociales ha ido creciendo de manera exponencial año tras año, haciendo al negocio publicitario digital cada vez más millonario.

Obsérvese ahora el siguiente cuadro de la nueva era del marketing sobre la ruta de compra de productos y servicios, especificados por rango etario de sus usuarios.

Con el fin de proseguir y mostrar el auge que están presentando las redes sociales, se hará hincapié precipitadamente en las dos plataformas

---

[40] El estimativo del aumento del 20% ascendería a un valor total de 43 mil millones de dólares.

sociales estrellas del grupo Facebook. La primera es ni más ni menos que aquella cuya denominación es la misma que la de la compañía propietaria, y que fue la que abrió el panorama de las redes tal como las conocemos hoy: Facebook; y la otra, adquirida por aquélla, es la ya mencionada Instagram. Luego veremos qué pasa con la plataforma YouTube, sobre la cual se discute si encaja o no dentro de la estructura de las redes y, por último, otras dos redes con menos cantidad de usuarios pero que resultan, al fin y al cabo, ser muy utilizadas.

La primera que someteré al análisis será la plataforma de Instagram. Aunque ésta cuente con menor cantidad de usuarios activos mensuales que Facebook, hay que tener en cuenta que estos están representados por un total de más de mil millones, de los cuales al menos quinientos millones de usuarios se encuentran abriendo por mes las historias y la pestaña de explorar que ofrece el servicio, como así se desprende de la lista de usuarios que alberga esta estructura, con un tiempo promedio de permanencia de seis minutos y treinta y cinco segundos cada vez que ésta es abierta.

Si bien en cuanto a la relación que se presenta entre el usuario y la plataforma su uso es empleado casi por partes iguales entre hombres y mujeres, los primeros se ubican con un 49.1% de cuentas activadas, en tanto que las segundas se posicionan con el 50.9% restante. Como puede esperarse debido a su popularidad, el servicio tiende a segmentar su popularidad dentro de los parámetros etarios comprendidos entre los veinticinco y los treinta y cuatro años de edad, que vienen a ser aquellos que representan al 35% de sus usuarios totales, en una proporción del 17% de mujeres y apenas un punto más arriba de hombres, para lo cual no existe prácticamente diferencia.

A continuación, en el próximo cuadro, podrá observarse que luego de esta categoría que comprende a los usuarios entre los veinticinco y treinta y cuatro años, la línea de las mujeres comienza a aumentar levemente con respecto a la línea que comprende a la de los hombres.

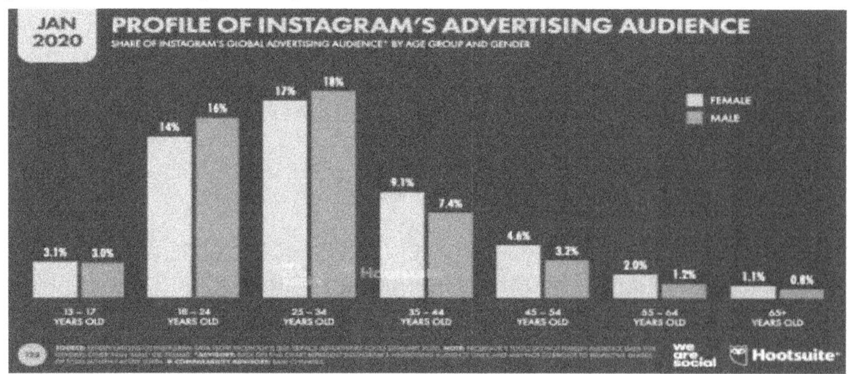

Esto no es todo; hay que hablar de que en cuanto al consumo de perfiles comerciales los datos recolectados demuestran que existe un 92% de usuarios que afirman que luego de haber visto algún producto o servicio, han comenzado a seguir o han incursionado mínimamente en la visita de su página, incluso hasta han recurrido a efectivizar alguna compra. Acá está el punto en el que observamos la variante que presentaron las redes sociales como función de conectividad entre usuarios para fines de comunicación e intercambio de contenido multimedia, y cómo se fue desplazando hacia un modelo que representa los intereses globalizados del consumismo. No bastaba con los datos de los usuarios, sino que debían observar su comportamiento comercial.

Por otro lado, hay que analizar a su precursor, y nuevo dueño, Facebook, que cuenta con 2.5 mil millones de usuarios mensuales, superando ampliamente por más del doble a Instagram, y en cuyo interior también se puede apreciar que el mayor porcentaje de usuarios se sitúa en el rango etario que va de los veinticinco a los treinta y cuatro años, con la característica peculiar de que el 19% son hombres y solamente el 13% son mujeres. Otra característica que no se puede pasar por alto es que Facebook, a diferencia de Instagram, está levemente más activo en rangos etarios de mayor edad.

El siguiente cuadro está determinado en cuanto a los porcentajes de los usuarios que presenta esta plataforma respecto a las edades relevadas:

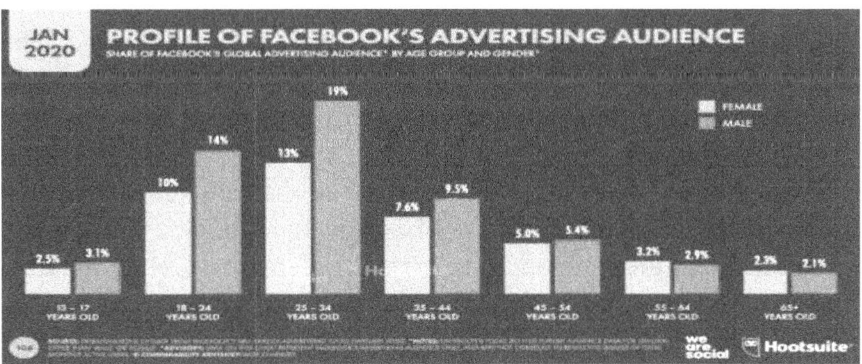

Como algunos ya sabrán y otros quizás no lo hayan notado, una de las cualidades fundamentales que tiene esta red social para ser tan popular, a diferencia de las que fueron surgiendo con el correr de los años, es la posibilidad que le brinda al usuario de crear grupos de diversa índole, hecho que remarca la diferencia con, por ejemplo, Instagram, donde el usuario interactúa de forma personal con el resto de los usuarios.

Con esta posibilidad para la creación de uno o varios grupos que permite Facebook, a diferencia de un simple perfil de interacción, genera que en sus usuarios se desarrolle un sentimiento de pertenencia a determinada cofradía virtual, logrando que el grupo comparta un mismo interés en cuestiones sobre las que quieren manifestarse, y es por esto que, aunque en Instagram se tenga un idéntico perfil y el usuario exprese los mismos valores y defienda las mismas causas, se genera un sentido de individualidad que no resulta igual que la actuación grupal.

La otra y no tan menor característica, es la posibilidad que tiene Facebook de tener un chat privado como medio de comunicación de sus usuarios, lo que justamente viene a ser muy útil para estos grupos, los que pueden organizarse y compartir opiniones e información entre ellos. Ya no solo se unen amigos al grupo, sino que se les brinda la posibilidad de dialogar y compartir material en una misma sala de chat dentro del grupo.

En cuanto a la conectividad para el acceso a esta plataforma, lo que llama la atención es el resultado que arroja el porcentual de individuos que acceden a la misma, que está representado en un 79% de los usuarios que lo hacen accediendo a través de dispositivos móviles exclusivamente, y un número mucho menor, del 19%, que lo hace mediante una combinación entre dispositivos móviles y computadoras fijas, lo que no pasaba con su otra red, Instagram.

Debemos tener en cuenta que este fenómeno de accesibilidad obedece, en realidad, a que la que plataforma Facebook permite realizar ingresos a otras cuentas sociales, como puede ser el caso Spotify[41], mediante la identificación del perfil del usuario, por lo cual la cuenta sirve, además de perfil de red social, como usuario y contraseña para el acceso a otras redes o servicios vinculados.

Luego de esto, y no por nada, Facebook se encuentra destacado por ser el término más buscado dentro del buscador de Google, y el tercer sitio web más visitado en el mundo, seguido en segundo puesto por la misma Google, para coronarse en el podio otra red social mucho más peculiar en cuanto a su contenido que a la interacción entre usuarios, que es YouTube.

Para quien no conozca el sitio web y red social titulada YouTube, deberá saber que es la plataforma de videos *streaming* más grande que existe dentro del universo digital. La plataforma permite el acceso a su contenido de dos maneras posibles: por un lado, aquellos que lo hacen mediante el *login* de su usuario, por el que, además de poder interactuar con la reproducción de

---

[41] Spotify es una aplicación para dispositivos móviles y computadores.

los videos disponibles, ofrece su material en línea, como permite comentar en cada reproducción y expresar si le gusta o no lo que está viendo; y por el otro, aquellos que lo hacen desde el anonimato, y que pueden obtener el beneficio (por lo menos hasta el momento) de visualizar los videos en línea. Pero no solo esto sucede; recientemente, la plataforma permite la suscripción mediante el pago de un arancel mensual que brinda mayores beneficios (versión *premium*). Recordemos, además, que el acceso al sistema puede implementarse mediante el correo electrónico Gmail, que es otro de los tantos servicios de la empresa Google.

En cuanto a la popularidad y alcance de la red, ésta cuenta con dos mil millones de usuarios en todo el planeta, que se encuentran registrados en su página, a lo que le tenemos que sumar todas aquellas personas que se conectan a diario de forma incógnita, para la reproducción del contenido. Los países que encabezan los tres primeros lugares en cuanto a mayor consumo del sitio se ubican, del tercero al primero, de la siguiente manera: Japón, con un 4.6% de la audiencia, seguido por India, que cuenta con un 8.1%, y finalmente, en primer lugar, Estados Unidos, que representa un 14.8% de los espectadores.

Al igual que pasaba con Facebook e Instagram, dentro de YouTube, el público con mayor demanda de consumo es el de los adolescentes y los jóvenes adultos, de entre dieciocho y treinta y cuatro años de edad, con la salvedad de que, a diferencia de las otras dos, dentro de ésta es mayor la demanda del sector que se encuentra contemplado entre los quince y los veinticinco años.

Solamente en Estados Unidos, el 81% de estos jóvenes la utilizan activamente, seguido por el rango que se ubica entre veintiséis y los treinta y cinco años, con un 71%. También debemos remarcar que, dentro de todos estos sectores, existe un cambio cultural por el cual alcanza mayor popularidad YouTube que la red de televisión convencional.

Observemos el siguiente cuadro para apreciar cómo el contenido *streaming* de videos en este sitio ha alcanzado gran popularidad dentro de los diversos segmentos etarios, con datos sumamente curiosos, como para el que se ubica dentro de los mayores de cincuenta y seis años, y que superan la interacción en más del 50% de personas de esta edad que se internalizan en los contenidos que ofrece esta red.

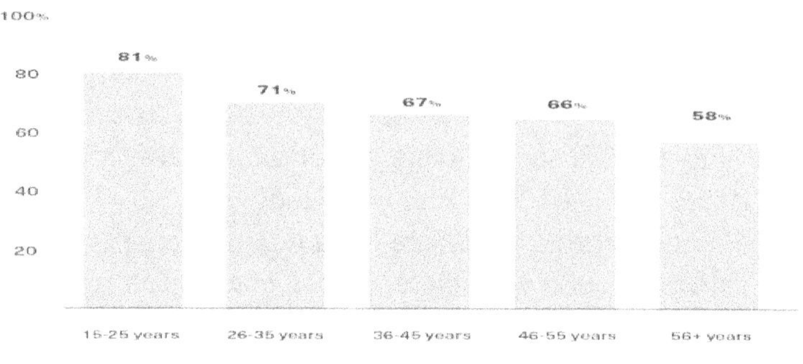

Dentro de todo este puñado de usuarios, las personas hacen uso de la plataforma poniendo en línea quinientas horas de video por minuto, lo que arroja un saldo de setecientas veinte mil horas diarias de videos, demostrando que el contenido que se aloja dentro del sistema por cada día es mucho más del que una persona puede ver en casi toda su vida. En cuanto al tiempo promedio de permanencia y uso de una persona dentro de los espacios de YouTube, el resultado que se desprende es de once minutos con veinticuatro segundos diarios, lo cual no quiere decir que todos sus usuarios demanden del sitio ese fragmento de tiempo diariamente.

Pero el aspecto más llamativo de este sistema es el que demuestra que existe un 70% de aquel contenido que la gente ve, que se encuentra determinado por los algoritmos que trabajan para brindar recomendaciones, motivo por el cual podríamos afirmar que casi en una proporción de un tercio de lo que cada uno mira, no transcurre por elección propia, sino que es el resultado del procesamiento de datos recolectados por una máquina que interpreta y decide el contenido que los usuarios deben seguir viendo.

En lo que atañe a la conexión de sus usuarios al servicio de YouTube, como era de esperarse, el mayor flujo se lleva a cabo dentro de los dispositivos móviles, que cuentan con más del 70% de las visitas a la plataforma. Para esto también hay que tener en cuenta que los dispositivos móviles inteligentes permiten realizar videos que pueden subirse directamente a la red, lo que genera mayor necesidad de interacción con la plataforma.

Como novedad, en lo que respecta a los televisores inteligentes, vienen día tras día marcando una curva creciente en la conectividad del servicio, puesto que, conforme revela la propia plataforma YouTube, los datos colectados arrojan como resultado unas doscientas cincuenta millones de horas de tiempo de visualización por día a través de estos dispositivos, lo que la ubica en segundo lugar luego de Netflix entre los jóvenes de dieciocho a treinta y cuatro años, lo que a su vez reafirma la idea del cambio cultural en la visualización de las pantallas.

En cuanto a la cuestión del concepto publicitario, solamente YouTube, en los Estados Unidos, ha generado, durante el año 2020, cinco mil millones de dólares en ingresos, monto que casi dobla sus ingresos con respecto al año 2016.

Obsérvese en el siguiente cuadro la evolución año tras año de los ingresos generados con publicidad de esta firma.

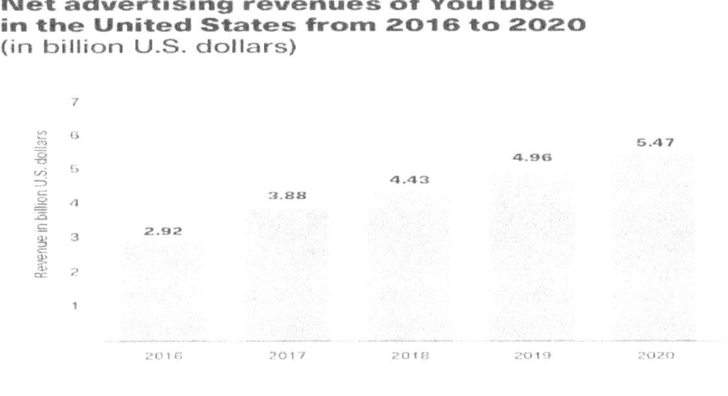

Llegando a su fin el presente análisis, cabe destacar que existen ciertas entidades empresariales que no consideran a YouTube como una red social, ya que no cumple con todas las prestaciones que tienen otras al momento de interactuar. Lo cierto es que en ella se pueden generar contenidos mediante videos, y a su vez contar con la posibilidad de intercambiar comentarios entre los usuarios, como también la posibilidad de brindar una opinión referente a si le gusta o no el contenido visualizado, lo que claramente demuestra que es una red social.

Vemos que, aunque no parezca, el contenido generado en video dentro de las diversas redes sociales que hoy existen sigue siendo el favorito por los usuarios representado por un 90% de actividad.

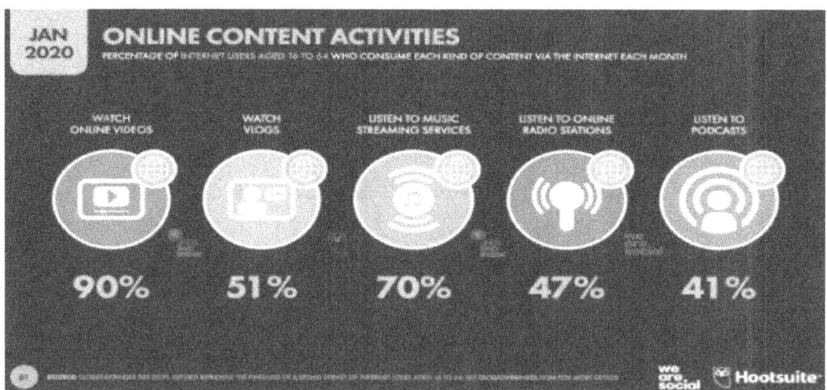

Como he adelantado, estudiaremos otras redes menos populares, como el caso de Twitter o Snapchat, que no han repercutido tan fuerte como lo han hecho estas tres ya reseñadas. Así y todo, la plataforma de Twitter tiene ciento cincuenta y dos millones de usuarios, de los cuales el 20.4% de los que se conectan a diario pertenecen a los Estados Unidos, y el resto, a usuarios de otros países, siendo Japón, Rusia y Reino Unido sus principales mercados.

Dentro de este conjunto de usuarios se destaca, a diferencia de las otras redes que ya se han analizado, que el público masculino sobresale, repercutiendo en un 62% de la actividad, siendo, como de costumbre, preferida por el rango etario de veinticinco a treinta y cuatro años, representando un 29% de sus usuarios.

En cuanto a Snapchat, existen doscientos dieciocho millones de usuarios activos diarios y se presenta prácticamente a la inversa de Twitter en lo que respecta al público, ya que el 62% de sus usuarios son perfiles de mujeres. Además, ocurre que cuenta con una cantidad considerable de usuarios de entre trece y veinticuatro años, que corresponden al 60% de sus usuarios.

Por lo que podemos ver hasta este punto, día tras día el mundo de las redes sociales se va expandiendo con la incorporación de nuevos usuarios, y, a su vez, el sistema de cada plataforma va brindando mayores y mejores prestaciones, como también lo hace con la eficiencia y la practicidad, para que estos usuarios tengan la necesidad de seguir consumiéndolas.

No es un dato menor que podemos dejar de lado la cuestión de la publicidad que han incorporado para generar contenido e interacción con el público, y que a su vez sirve para generar ingresos para las compañías. La apertura de las redes al comercio no regulado es, en parte, un gran embaucador de nuevos perfiles que sienten la necesidad de comprar y vender.

Capítulo VI

**LAS REDES SOCIALES COMO MÉTODO
DE EXPOSICIÓN. MENTIRAS Y VERDADES.
PROBLEMAS DE ADICCIÓN**

1. LA INFORMACIÓN QUE CIRCULA EN INTERNET

Fuentes fiables, libertad de expresión, veracidad de contenido, derechos de autor, la expresión de libertad cuando afecta la moral social, vulnerabilidad de la imagen de una persona, violación de la intimidad, *deep web*, redes de narcotráfico, pedofilia, venta de órganos, trata de personas, etcétera.

¿Es Internet un sitio fiable de información u ocurre que es un mero lugar de expresión de ideas e intercambio de opiniones, y contenido que, además, se encuentra en un estado de *"outlaw"* y *"far west"* digital?

La posibilidad abierta a la libre opinión y la publicación masiva de contenido hace de la red un sitio minado de información que resulta, en cierto punto, hasta contaminante para quienes la frecuentan. Es sabido que la contaminación informativa y la publicitación de noticias negativas son perjudiciales para la salud, ya que son fomentadoras de depresión, violencia y abuso de confianza entre las personas.

La publicación de notas, artículos y simples escritos sin rúbrica o fuente verificada, monta un escenario apocalíptico para determinar la veracidad de la información plasmada en el universo digital, que al igual que sucede con la publicidad engañosa, algunos compran como cierta y otros solamente se limitan a dudar de su veracidad.

Las *fake news* o noticias falsas son un tema crucial con el que se debe lidiar en el ciberespacio, como resultado de la problemática que surge por la falta de respaldo fidedigno que avale lo que se está informando. Al encontrarse el servicio de conectividad a la red ampliamente masificado, ocurre que en un abrir y cerrar de ojos estas falsas noticias se desparraman por doquier dentro de las diversas plataformas de comunicación, logrando de esta manera generar masivos malestares sociales y el quiebre en la búsqueda de una unidad ciudadana. Pueden verse también las consecuencias que genera: el aumento del pánico, la ansiedad y la preocupación.

Las falsas noticias no solamente presentan la característica de ser meros escritos con escuetos fundamentos, sino que se dan en otras circunstancias, como puede ser mediante audios, videos y fotografías. Muchas veces son de propia autoría, y en otras, editadas. Pero ya sean propias o editadas, el fin buscado es generar un malestar.

Así como encontramos las *fake news* sin el más efímero control para que puedan reducir su circulación, encontramos también la circulación de videos o fotografías que son tomadas en la intimidad, del o de los sujetos, y expuestas en la red, como si cada pantalla que las reprodujera fuese una gallería de arte. Es inaudito que, a estas alturas tecnológicas, donde los autos conducen de forma automatizada o una cámara de seguridad puede captar un rostro y decodificar su identidad, en países como Argentina no se cuente con la estructura tecnológica suficiente para hacer frente a esta grave situación, como es el caso de no contar con una ley que sancione la porno venganza[42].

Más allá de estos contenidos perversos, existe otra manipulación de información aún más denigrante, y que resulta de aquella que es filtrada y eliminada de las plataformas por su contenido opositor o crítico en materia política. ¿Cómo es posible el hecho de no poder filtrar las falsas noticias o la porno venganza, entre otras cuestiones, y sí poder vulnerar la libertad de expresión que no se ajusta a una ideología determinada? El caso más reciente que pudimos observar ocurrió con el ex presidente de los Estados Unidos, Donald Trump, a quien la empresa Twitter lo ha dejado fuera de su plataforma coartándole su libertad de expresión.

Quizás acá pueda apreciarse uno de los grandes problemas que tiene Internet y la aplicación de inteligencia artificial en cuanto al contenido que se publica en la red, cuando el análisis de datos introducidos en línea sigue una perspectiva, o cuando generan que la verdad de los hechos se construya en base a datos de fuente no identificada y acreditados fehacientemente.

---

[42] El término porno venganza hace referencia a todo material con contenido pornográfico, que es captado en la intimidad sexual de los sujetos, para luego ser utilizado por una de las partes con el fin de dar a conocer esa situación privada.

2. LA RESPONSABILIDAD EN EL USO DE INTERNET

La posibilidad de un Internet más seguro y fiable es un compromiso que deben asumir los Estados, instituciones supra nacionales y los usuarios que se sumergen en el mundo digital. En ciertas ocasiones, no se puede buscar culpas solamente en las empresas que prestan servicios de plataformas. La libertad de expresión debe fluir sin trabas y quedar en la responsabilidad de los usuarios la fiabilidad y su contenido legal. Resulta en vano querer controlar las opiniones y los contenidos que cada sujeto introduce en la red.

Si se observara la red más detenidamente y se analizara con la mente fría lo que se ubica dentro de ella, su contenido, podría verse que resulta coercitivo y perjudicial para la salud, debido al exceso de información, la falta de validación en cuanto a veracidad de lo publicado, el mercado ilegal, sus propias leyes, monedas, invasiones a la privacidad, violación de resguardo de información, entre otros disvalores.

Es en parte de esto y más de lo que hablamos respecto de que Internet es un mundo aparte, ya que por lo que vemos cuenta con sus propias reglas, mercados, información, relaciones personales, labores y más. Situaciones que suceden a nivel mundial, como es el caso del famoso *"escrache"*, hacen que se deban extremar las medidas de divulgación de la información de una persona o institución, que puede resultar ser cierta o errónea.

Hay un fino límite entre la libertad de expresión y la divulgación de información que puede ser inexacta, y que puede terminar repercutiendo de forma negativa contra la persona prejuzgada.

Si las personas fuesen instruidas para el correcto uso de Internet, y con esto observar los beneficios y perjuicios que se conciben dentro del ciberespacio, habría quizás un sitio menos viciado y propicio. De la misma manera está ocurriendo con la falta de regulación jurídica sobre contenidos, que va dejando vacíos legales, los que cada vez se profundizan más. El camino de la educación tecnológica tiene que provenir desde las cabezas del Estado hacia las escuelas, los centros de capacitación y todos aquellos medios con los que cuenta el gobierno para concientizar a la población.

Cuando hablamos de concientizar, lo hacemos en los buenos términos de la palabra y no observando cómo se desvirtúa un propósito para instalar una ideología. Lo mismo que para con las leyes, se debe construir hacia el futuro y no observando el momento. En este caso, el poder del Estado encargado de la elaboración y aprobación de leyes, debe contar con un equipo técnico que sea competente en materia informática, y otro tanto en la legal, para que puedan, mediante el tecnicismo de los legisladores, lograr la evolución necesaria en conjunto.

La responsabilidad de lograr una red más segura, menos violenta y como una herramienta para agilizar tareas y reducir tiempos y costos, debe comenzar aferrada a la educación, sostenida por un orden legal que no exima a los responsables de toda culpabilidad o atenúe sus daños, y por el compromiso empresarial de advertir a los usuarios sobre el correcto uso de sus sitios y los fines perseguidos.

3. EL CONSUMO DEL ABURRIMIENTO Y LA RATONERA

Bienvenidos a esta nueva etapa donde no hay tiempo ni derecho al aburrimiento en niños, adolescentes y adultos. Ellos necesitan estar estimulados constantemente, ser partícipes de todo, observar el aburrimiento ajeno, y de esta forma animarse a compartir un mismo sentimiento.

Obsérvese el fenómeno de ratonera que ha logrado la incorporación de Internet a los dispositivos móviles, por el cual cada sujeto se encuentra anclado en su mundo individual virtual sin interacción con sus pares y el entorno. O mismo la llegada de Internet a los televisores, donde puede observarse el mismo comportamiento, pero en grupo reducido.

La suerte que posee el dispositivo móvil inteligente, a diferencia de la computadora personal, son resumidamente dos claves: la portabilidad y la individualidad. Así y todo, los dos problemas concretos que tienen estos dispositivos son: el traslado compacto y el asilamiento individual que generan.

Ahora bien, al disponer de Internet veinticuatro por siete, una portabilidad exitosa y una ratonera individual, el sujeto puede saciar su aburrimiento sin pensar demasiado. Aclárese que tampoco resta tener que realizar mucho esfuerzo para lograrlo. Con tan solo abrir la aplicación que haya logrado convencerlo de que le conviene, este puede: compartir su aburrimiento y falta de creatividad con otros en su misma situación; observar el comportamiento de sus pares de una forma estática; alegrase o deprimirse por los sucesos de la vida de otros usuarios; o llegar al punto más relevante, que es el del consumo del aburrimiento. Agréguese que esta modalidad puede darse automáticamente en el acto, hurgando la actividad pasada, o por qué no también, proponiendo aburrimiento y carencia de imaginación a futuro.

Hasta este punto, puede observarse que el individuo no debe presentar signos de aburrimiento; para eso necesita enchufar su estado de ánimo a Internet en busca de esparcimiento y diversión. No es casualidad que las plataformas de un supuesto entretenimiento sean gratuitas o de bajo costo; que se adapten y representen los gustos e intereses del usuario; y que a la baja de rendimiento y escape de usuarios se precipitasen a: agregarles nuevas funciones capciosas de retención, rediseñar la estructura del sitio y verse como nuevas, o a abandonar el servicio y crear uno nuevo manteniendo parte de la estructura anterior, con el agregado de algunas nuevas funciones.

Como si esto fuera poco, una vez que el usuario se encuentra instalado en la confortabilidad del sitio que eligió y adapta su aburrimiento en compañía de una ligera ansiedad, comienza a empatizar con lo que ve y se sumerge bit a bit en la ratonera, al ofertarle propuestas relacionadas con sus gustos. Una vez que éste se puso cómodo, comienza la misma plataforma, de manera automatizada, a mostrarle publicidad con el objetivo de convertir ese aburrimiento en consumo, induciéndolo a sentirse una parte activa de la relación usuario-plataforma. No en vano la estructura está diseñada para ofrecerles a sus usuarios productos y servicios inútiles con los cuales podrán aplacar el estado de ánimo de insatisfacción en que se encuentran.

El consumo no solo es una falsa realidad de lo necesario para ser feliz, como lo muestra la plataforma, sino que a su alrededor se genera la estructura de necesidades innecesarias en cuanto a los dispositivos que se necesitan para poder ser parte del mundo nuevo, suplir el aburrimiento y apaciguar los estados de ánimo depresivos.

4. EL FINO LÍMITE DE LA VERDAD Y LA MENTIRA. EL CUERPO COMO OBJETO DEL DESEO. MI PROPIA *FAKE NEWS*

La instantaneidad de la fotografía en los teléfonos inteligentes y su conexión al mundo digital constante logra que los usuarios de las redes sociales puedan hacer en un breve lapso, y que se sostiene en el tiempo, un museo fotográfico personal, que captura momentos y ocasiones que no siempre resultan ser ciertas. Imágenes con autos de lujo, lugares vacacionales exóticos y exclusivos o reuniones sociales, suelen ser los anzuelos más utilizados para hacer picar a los seguidores o "amigos" que han logrado obtener durante su existencia en las plataformas. Aclaremos que los verdaderos amigos o seres queridos no necesitan nuestra demostración constante de lo que hacemos con nuestras vidas o la ostentación de los que bienes materiales tenemos.

Otra de las tantas necesidades de exposición que evidencian los usuarios de estos fenómenos intangibles, son las de mostrar parte de su cuerpo como objeto de deseo. La tendencia es que el mundo cibernético pueda observar la perfección del resultado logrado por el sacrificio realizado en virtud de las distintas rutinas, para llamar la atención y saciar vacíos existenciales.

Ahora bien, cuando vemos todo esto hay que cuestionarse la veracidad de las situaciones que se esconden detrás de esas imágenes captadas, las cuales, en su gran mayoría, son siempre ideadas y puestas en acción, siendo muy vago el contenido casual.

Estamos sufriendo el papel de víctimas activas en cuanto a las *fake news* depositadas en las redes, no solo provenientes de las noticias informativas, sino también por parte de un gran volumen de usuarios de estas, que muestran imágenes, videos o comentarios que no resultan siempre ser verdaderos. Autos de lujo, hoteles cinco estrellas o casas de fin de semana suelen mostrar una realidad que en escasas ocasiones es la verdadera.

5. LA ADICCIÓN CREADA A LAS REDES SOCIALES

Uno de los mandatos sociales del siglo XXI es trasladar la digitalización de la vida a todos sus entornos, desde el ámbito laboral –ya sea para reducir espacios de archivos o el uso de maquinarias inteligentes— hasta la comodidad del hogar y el automóvil.

Como consecuencia de esto, podemos ver que la tecnología dominante ha resultado bastante práctica y fácil de manipular, por lo cual ya no se necesitan especialistas en informática que pongan en funcionamiento cada uno de estos cerebros virtuales. Podemos apreciar también que el caso más común que se nos presenta es el de la televisión, que ha sufrido ciertas alteraciones interiores para poder brindar mayor esparcimiento, del mismo modo que lo hace un *smartphone*.

La tecnología ha evolucionado para generar mayor eficiencia a la rutina diaria –dentro y fuera del hogar, colectiva e individualmente— y quizás, a su vez, acercarnos a encontrar distintas soluciones en un mismo lugar. No obstante, hay un trastorno de esta transformación que se está presentando en un gran número de habitantes del globo, y que es *la adicción silenciosa creada por culpa de Internet y las redes sociales gracias a la portación práctica de los dispositivos electrónicos y la manipulación constante de las empresas de servicios.*

La Organización Mundial de la Salud (OMS) ha descripto que el fenómeno de la adicción se presenta cuando éste consiste en el consumo repetido de sustancias psicoactivas que causan en el consumidor un deseo compulsivo de consumir y una gran dificultad para terminar con ello. En el caso de la adicción silenciosa a la conectividad carente de una sustancia perjudicial, se la encuadra en el lugar de las adicciones comportamentales, al igual que las adicciones a los videojuegos o a las apuestas.

Si bien la mayor parte de las adicciones a Internet y las redes sociales se presenta en niños y adolescentes, que son quienes pasan más tiempo frente a las pantallas, ésta no excluye a todos los demás que forman parte del universo cibernético, como tampoco discrimina fronteras o estratos sociales.

Entonces, podemos observar que hay un riesgo muy grave creado por culpa de una conducta negativa o por la falta del correcto uso de la tecnología, que está funcionando a la inversa de las adicciones que conocíamos, y que está afectando a un gran número de menores de edad, a diferencia de las adicciones al juego, al alcohol o al tabaquismo, que se presentan en adultos mayores, las cuales generan un riesgo perjudicial para la salud y suelen estar prohibidas para estos menores.

Según lo expuesto, la pregunta que debemos formularnos es si habrá que –al igual que con ciertos factores de riesgos perjudiciales para la creación de adicciones— prohibir las redes sociales para los menores de edad. Quizás la idea de prohibir resulte extrema y haya métodos alternativos que puedan morigerar la situación. Uno de estos podría ser la publicidad obligatoria, al igual que la que presentan los envases de cigarrillos o bebidas alcohólicas, de que el fenómeno de las redes sociales, bajo un uso irresponsable, puede provocar adicciones, como también brindar tutoriales de uso y buenas prácticas para su consumo.

Otra cuestión, quizás más de técnica jurídica, sería determinar quién es el culpable: si es responsabilidad absoluta de los adultos que los menores a su cargo sufran el mal de las adicciones desde niños, o si la responsabilidad es de las empresas prestadoras del servicio por la falta de advertencia.

El fenómeno de las redes sociales está creando sujetos virtuales con severas consecuencias socioculturales en las personas reales que se esconden bajo sus perfiles de usuario, creando y fomentando trastornos patológicos como la depresión, el estrés, la ansiedad, las adicciones o la canalización del odio viral hacia los demás por frustraciones propias.

Es este un mal que pasa inadvertido, muchas veces por ignorancia, y que presenta un problema aún mayor que la adicción a alguna droga, como el alcohol o la cocaína, dado que, en la nueva era en la que entramos, todo se encuentra relacionado con la tecnología, y resulta inevitable no tener contacto con algún dispositivo electrónico, como puede ser un teléfono celular, una computadora, una consola de videojuegos o un televisor inteligente dentro del hogar, en el exterior o de visita en otra casa.

Pero el problema mayor se da en el teléfono inteligente, dado que queda demostrado que no solo sirve para realizar llamadas, sino que es un dispositivo vital en muchas personas para su día a día, y por su portabilidad, está todo el tiempo en nuestras manos.

6. ESTADO DE BIENESTAR URBANO, DIGITAL Y METRO-POLITANO. EL FENÓMENO ASPIRACIONAL

El caso de las redes sociales está provocando un fenómeno de falsas apariencias, muy parecido a lo vivido en los años '90 en la sociedad argentina, donde la clase urbana compró sueños aspiracionales de gran éxito económico a corto plazo y mediante un diminuto esfuerzo a través del auto engaño.

Pudimos observar que durante esta década cierto sector social sufrió un desperfecto funcional en cuanto a su situación socio-cultural, económica y educativa. La ideología implantada durante estos años fue proponerle a esta clase trabajadora que dejara de ser el motor social que impulsa la economía para que puedan pasar a integrar la oligarquía.

El sueño de acceder a ciertos lujos con comodidades y, a su vez, el derroche, ha marcado profundamente aquellos momentos. La bajeza cultural provocada en función de un consumo empedernido de accesibilidad financiada, fue uno de los principales emblemas del nuevo movimiento, mientras que, a su vez, parte de la economía en llamas se camuflaba con esta falta de identidad cultural importada que devastó el comportamiento social.

La tendencia de acceso al consumo feroz desde cualquier estrato social y mediante la disuasión educativa, corrompieron el esquema del esfuerzo, el mérito y el trabajo para lograr forzar el progreso.

Hoy en día, las redes sociales muestran ser un recoveco de aquellos años *"plateados"* donde las apariencias y la opulencia cruzan caminos y reflejan la decadencia social del siglo veintiuno.

El emblema de aspiración de la vida urbana tiende a llevar adelante la muestra de imágenes vacías de un consumo mediocre al que pueden acceder, como son los viajes al exterior, fútiles de contenido cultural y financiados, en búsqueda de ver quién obtiene la foto más trascendental del verano, las compras de artículos de vestuario *"low cost"*, que por lo general necesitan de un porta equipaje extra cuando llega el momento de retornar, el acceso a la comida *"fast food con un toque distintivo"*, micro viviendas *"unifuncionales"*, con piscinas y *"amenities"* compartidos, como ocurría en los antiguos conventillos del sur de la Ciudad de Buenos Aires, son las postales que abundan en la red, para demostrar que, al igual que lo que pasaba en la década del noventa, ellos también se encuentran a las puertas del lujo aristocrático.

La especialista en psicología Adriana Guraieb, miembro de la Asociación Psicoanalítica Argentina (APA), ha determinado que *"Hay una necesidad de obtener cierto estatus y convencer a los demás de que se tiene una posición económica o de liderazgo que se pueda asociar al éxito y la prosperidad. Por supuesto, existe el afán de prestigio, las ganas de ser importante y de sobresalir; en otras palabras, se tratan de satisfacer todas nuestras necesidades narcisistas"*[43].

También se debe remarcar que, en parte, la subsistencia de estos individuos dentro de la sociedad de consumo y apariencias digitales sobrevive gracias a la presencia del *Estado de bienestar urbano*, comprometido con el progreso de las clases urbanas mediante la ayuda asistencial de hospitales, transportes y educación de índole pública, subsidios a ciertos bienes y servicios y leyes de protección colectiva.

El territorio metropolitano, en el que conviven, muestra discontinuas fragmentaciones sociales que se expanden por toda su extensión, poniendo de manifiesto los distintos relieves de los grupos que la componen. La carencia de estabilidad económica, el trabajo precarizado, la imposibilidad

---

[43] Nota completa para el diario digital Infobae disponible en: https://www.infobae.com/tendencias/2018/02/09/adictos-a-las-redes-sociales-cuando-la-dependencia-afecta-manera-de-relacionarse-con-el-otro/

del acceso a la vivienda propia y la necesidad de consumir de una manera abrupta e inmediata son factores que golpean de lleno a quienes sufren el mal del ascenso social, con el fin de ser aceptados dentro de un selecto grupo. Es por esto que se genera la recurrente necesidad de mostrar más de lo que se puede comprar y de que, mediante la observación del otro, llegue la aprobación.

La famosa diseñadora Cocó Chanel remarcaba con sus dichos que *"no es la apariencia, es la esencia; no es el dinero, es la educación; no es la ropa, es la clase"*. Entonces, se observa, a simple vista, que uno de los severos problemas que muestra el sujeto urbano digital metropolitano promedio, que vive inmerso en la exhibición constante de las redes sociales, es la desesperada rendición de culto a mostrar más allá de lo que en la realidad de los hechos se puede poseer para ser aceptado, y que, a su vez, repercute en el miedo a perder lo poco que éste puede conseguir, y el "no ser aceptado".

7. DOPAMINA PARA UNA FELICIDAD ENGAÑOSA

La felicidad a la que lleva el *consumismo compulsivo,* como propiamente conocemos, se abre paso hacia una nueva satisfacción de placer que denomino *consumismo destructivo,* generando el confrontamiento entre las mismas clases por el sueño aspiracional de tenerlo todo y la individualidad de esa posesión.

Hay que remarcar que la sociedad de clases modernas no es aquella representada por las clases baja, media y alta, sino que el concepto de clase urbana se ha ido acrecentando y alejando del término clásico. Así, podemos afirmar que hoy existen clases individualizadas y segmentadas, ya sean por sus condiciones culturales, de ingresos, edades, nacionalidades o el carácter laboral de autónomos, asalariados, directivos o desocupados, entre otras tantas que se pueden describir.

Las clases se enfrentan dentro de un *consumismo destructivo* para ver quién accede de forma constante a una vida material más vacía y carente de afecto en la que puedan demostrarle al otro que su consumo es más extenso o de mayor novedad.

Ahora bien, el consumismo destructivo de la era digital acarrea el odio y el desprecio hacia lo que hace o tiene el otro; se comporta bajo una patología de odio y envidia. Puede verse representado bajo el término de *"troll"*, que es definido como aquella persona que necesita publicar comentarios provocadores e irrelevantes con el fin de provocar al otro, o bajo la modalidad de *"hater"*, que no es más que aquel que necesita aportar su opinión siempre de manera negativa y hostil.

Es un consumo no solamente material, sino que se profundiza en el de la vida y los momentos de otras personas que son observados y atacados, al igual que lo que sucede con los *reality shows*, con la excepción de que se puede abrir el debate constante a la crítica y generar un mal estar recurrente.

Estas definiciones de *trolls* o de *haters* post modernas, y que resultan hasta cierto punto chistosas, no son más que embellecimientos de los términos sádico, psicópata o sociópata para sujetos con trastornos mentales sueltos en las redes sociales, para que los tomemos de manera sutil y no creamos que son peligrosos o perjudiciales para la salud.

8. LAS IDEOLOGÍAS DE CONSUMO EN EL CONSUMO DE IDEOLOGÍAS

Aunque no parezca, todos los momentos vividos y tras cada suspiro que damos, van dejando marcas en la historia. Algunos lo hacen en el ámbito privado de nuestras vidas, y otros, en cambio, públicamente en el de cientos de personas. Podemos observar que el desenlace de la historia se encuentra nutrido de cientos de acontecimientos que han marcado generaciones enteras, e incluso con la transformación social de ciertos grupos étnicos.

También podemos ver que lo que tiende a ir cambiando es el envoltorio con el que ello se lleva a cabo y, por razones netamente obvias, el líder que las va guiando. La guerra no es un modelo que se haya instaurado durante el Imperio romano, sino que se desprende de acontecimientos que se dieron en épocas anteriores más primitivas. El tener que desplazarse para ir a realizar un trabajo o estar determinada cantidad de tiempo cumpliendo una función en un puesto determinado en el mundo moderno, en el cual una vez finalizada esa tarea encomendada se obtiene una suma de dinero para poder usarse en la disposición de alimento y vestimenta. Esto no significa que anteriormente no se podía obtener el alimento o esa vestimenta de otra manera, sino que la cuestión de supervivencia era más rudimentaria. La figura de quien encabeza un Estado moderno, salvando las diferencias abismales, no es más que un rudimentario líder de un sistema prehistórico.

Siempre el ser humano tuvo un líder dentro de su grupo. Como para nombrar algunos y que la lista no se haga tan extensa, observamos un comportamiento en forma de patrón, que, obviamente, con el tiempo, fue adaptándose a las nuevas transformaciones sociales.

El hecho también de que los seres humanos desarrollen una vida en comunidad y una vida privada, desprende la consecuencia de que en su interior se desarrollen pensamientos sociales y pensamientos privados.

Cientos de personajes han aparecido durante el transcurso de la historia y decenas de estos se han perpetuado en el colectivo humano. Líderes, caudillos, dirigentes, cabecillas, comandantes y mil sinónimos más para nombrar al que manda, dirige y mantiene una relación de superioridad con los que están por debajo, ya que es claro que no puede haber más individuos arriba que abajo. Todos evidentemente necesitan estar bajo el mando de alguien, pueda ser éste cercano o desconocido, desde las tribus ancestrales, hasta un moderno conjunto de música. Se trata de pertenecer a determinado grupo dentro del cual se pueda compartir similares intereses, emociones y experiencias. Pero ¿qué sucede cuando esa necesidad de pertenencia es generada por factores externos que se instalan en el subconsciente?

Personas como Simón Radowitzky, que para quien no sepa de su nombre o no lo recuerde, ha sido el encargado de ejecutar a Ramón Falcón mediante una bomba casera cuando éste viajaba en su coche, provocando la muerte de su secretario privado, y horas más tarde, a causa de las heridas, la del mencionado coronel, no han dudado de sus ideologías al momento de sentir que éstas se veían afectadas, y tener que recurrir de esta manera a defenderlas, aunque sea en el extremo caso de la muerte de su contrincante.

Con el auge de las redes sociales, del anonimato en Internet y de poder elegir si dentro de la red quiero ser partícipe de la campaña de moda, se ha desencadenado un furor extremo por generar la necesidad de abrirnos al mundo para expresar y compartir las ideologías y las causas en las cuales los usuarios somos partícipes. La crueldad con la que nos han llevado a pensar que la privacidad es prácticamente un "delito", y que si no me comparto con la sociedad voy a ser una persona solitaria y carente de afecto, evidencian que personas como Radowitzky son una especie en extinción (tomemos siempre de él el aferro que tenía por su ideología y no la consecuencia del asesinato), por el hecho de ser una persona que ha pagado el precio de defender sus intereses ideológicos, y no como viene sucediendo dentro de las redes sociales, donde se paga un precio para tener una ideología.

Si no somos capaces de poder mostrarle al mundo imaginario social cibernético qué es lo que consumimos o de lo que formamos parte, lamentablemente, queramos o no, no somos bienvenidos a pertenecer a esta sociedad.

Parafraseando a José Larralde, que en una de sus letras decía *"el afecto prestado es el castigo que la vida por fácil siempre oferta"*, y que encaja perfectamente dentro del mundo de las redes sociales e Internet, uno no necesita demostrar continuamente sus banderas o reafirmar sus ideologías frente a los demás en pos de ser aceptado dentro de determinado grupo buscando afecto.

El consumir ideologías, implantadas y por cuestión de ser una llama en auge de un momento determinado, se vuelve tan nefasto como la de ideología del consumo. El consumo de ideologías masificadas por las redes sociales, que no resultan ser más que prototipos de vigilancia para quienes mueven los hilos de este mundo a través de medios legítimos para obtener de esta forma estadísticas del producto que intentan hacer de los humanos, aumenta día tras día dentro de un sistema, que el único interés que presenta es el de la constante fragmentación social y el choque de opiniones. Podemos ver que ya no quedan ideologías doctrinarias, sino que hay un adoctrinamiento en las ideologías.

Obviamente, dentro de las redes sociales hay que ser abundantes con la exposición de nuestras ideologías, y hacer de ellas una carta de presentación y de material comunicativo. Personas que antes de presentarse con nombre o apellido se presentan en un perfil de red social sosteniendo una ideología. Vegetariano, soñador, arquitecta, protector de animales, yogui, defensor de los derechos de tal o cual grupo. Pero nunca mostrando quiénes realmente son, sino que siempre aspirando mediante una ideología a ser aceptados por otros. Tan necesitados de la aprobación del otro frente a nuestras ideologías, que cuando el otro se nos presenta y discrepa con ellas creemos que es el enemigo. O personas que mediante fotos y videos apoyan causas momentáneas por la idea de consumir algo distinto, y luego de que la excitación se agota, se desprenden de la causa.

Las redes sociales terminan siendo los robustos motores para propulsar a estos grupos "ideológicos", y para que los usuarios los vayan "comprando". De pronto, de un día para el otro, millones comparten una ideología. Cientos de fotos en razón del favoritismo, miles de comentarios alentadores, y luego, cuando hay que actuar en consecuencia, los grupos se ven reducidos míseramente a un puñado de fieles. ¿Cuántos se han sacado la foto para el perfil social diciendo "¡estoy aquí, mírenme!" y luego, cuando ocurren las desgracias, cada uno lo termina mirando y comentando a través de una pantalla?

Obviamente, lo que no llegan a comprender es que, como resultado de estas aglomeraciones fugaces, las empresas que se encuentran detrás fomentando el consumo de una ideología momentánea, como ha sucedido recientemente con el movimiento internacional conocido *"Black Lives Matter"*, apoyado y financiado por corporaciones, generan millones y millones en ganancias, haciendo una ideología de consumo en el consumo de ideologías.

Las corporaciones que se esconden tras el financiamiento de estos grupos buscan caldear el ambiente social, generalmente a través de grupos que se hacen denominar "minorías". La verdad es que usted es usted, y yo soy yo, y cada uno tiene una concepción y percepción de la realidad creada por la experiencia y las vivencias. Catalogarse perteneciente a un grupo, creerse una víctima de una minoría para continuamente tener que vivir en un estado de paranoia por el qué dirán y deber recurrir constantemente al enfrentamiento, es una situación alarmante generada externamente por sujetos que se benefician de estas situaciones, y aceptadas por otros carentes de sólida personalidad y autoestima.

SER SOCIAL - INTERNET, CONSUMO Y GLOBALIZACIÓN

Cuando Anthony Burgess tuvo que aclarar ciertas cuestiones confusas que se generaban en su obra más famosa y mundialmente reconocida, La Naranja Mecánica, éste sostuvo: "mejor ser malvado por decisión propia que bueno por lavado de cerebro", y con esto procedía a explicar parte del argumento de su novela, en la cual su personaje principal, Alex DeLarge, era sometido a una terapia de aversión para neutralizar su conducta mediante un lavado de cerebro. Explicaba, además, que esto es lo que diferencia al hombre de una naranja mecánica, un bello organismo y jugo sin una gota de voluntad propia.

En nuestro caso, Internet y las redes sociales resultan ser la terapia para neutralizar nuestras propias ideologías, y en muchos individuos siquiera darles la oportunidad de pensar en la construcción de una. Así, bajo esta forma, se pretende moldear hombres y mujeres a las preferencias que se encuentren de moda, mediante un espacio ficticio de relaciones sociales.

9. DELITOS QUE NO SIEMPRE VEMOS

Existen quienes, evidentemente por ciertas cuestiones de su paso por esta vida, se sienten más vitales dentro del mundo de Internet que dentro del reino de los vivos, como si el acto de conectarse a la red lograse abrir un trance espiritual que se funde entre una bipolaridad de personalidades cibernéticas con la vida misma en el plano de la realidad. Sujetos que por mucho se encuentran sumergidos en la confusión del criterio respecto a la libertad de expresión para abordar cualquier tema con un grado de suma importancia de libertinaje. Consecuencias que llegan de no poder asimilar la diferencia entre lo real y lo ficticio. De creer que del otro lado de una pantalla existen miles de receptores de sus mensajes carentes de autoestima y sentimientos. La entrada y salida constante mezclando los principios de humanidad con el espectro tecnológico sin tener reparos en el impacto que generan, en ciertas ocasiones desencadenan abusos en el buen uso de Internet.

La absurda asimilación que hacen algunos de estos usuarios de creer en que para hacer un daño se tienen que provocar lesiones sobre la víctima que todos podamos ver, y no poder distinguir que muchas veces la exposición o la agresión virtual pueden generar catastróficas secuelas en las personas que viven estos hechos, o mismo en la comunidad en que se produce. ¿Pero qué sucede cuando no se distingue el límite entre lo real y lo ficticio?

¿Entre la libertad de expresión y el exponer a los demás con el fin de dañar y buscar una venganza o hablar de ciertos temas por solo suposición?

Como pudimos ir viendo, junto con la necesidad de aprobación constante que fijan los nuevos parámetros sociales y la moderna estructura de moldear una conducta social carente de privacidad, algunos usuarios, perversos y enfermizos, avasallan la línea de los límites que dividen el contenido de información pública con la privacidad de la intimidad personal de otros sujetos, que pueden estar siendo, o no, usuarios de Internet.

Gran parte de esta muchedumbre encuentra alivio al manifestarse en momentos posteriores en los que se resienten por la ruptura de alguna relación amorosa, sintiendo que quizás su dolor o malestar va a quedar resuelto por la exposición social de imágenes o videos privados. La *porno venganza* no viene siendo un hecho aislado, y resulta ser cada día más frecuente y con consecuencias irreversibles. La ridiculización de la víctima frente a la exposición de imágenes o videos con contenido sexual genera devastadoras secuelas en quien la sufre, por la violencia que genera el hecho de verse expuesta ante la mirada de miles de observadores que bucean en la red consumiendo este tipo de material.

No sólo la víctima debe padecer este bochornoso acontecimiento, sino que la afectación se ramifica hacia su círculo íntimo de relaciones afectivas y aquellos entornos exteriores, como suelen ser los del ámbito laboral o el estudiantil. Resulta entonces que nos encontramos con un fenómeno de víctimas colaterales que resultan sometidas a una humillación mayormente atenuada y que nunca van a encontrar una solución al daño que les han provocado.

Generalmente, el daño de la porno venganza ocurre directamente sobre la víctima, a causa del material con contenido pornográfico que el sujeto victimario logra filtrar en la red, y a su vez, a través de la redistribución de este material, se afecta a las víctimas colaterales, damnificadas por un malestar de ciberacoso.

Las víctimas que sufren este tipo de delito sabrán, y si no deberían de saberlo, que al igual que sucede en los momentos en que publican sus datos o imágenes en la red, cuando el material es filtrado dentro del circuito de Internet, su redistribución resulta indomable y muy difícil de detener. Pueden borrarse los datos de las páginas en donde se aloja el contenido pornográfico, del título que lleva para que no pueda ser buscado, pero no se puede dar certeza de que el material nunca más será redistribuido o publicado, ya que el control de descarga a la computadora personal o a algún dispositivo es de unos abismos asombrosos.

Es evidente que una vez que todo el contenido se filtra, puede causar tanto daño psicológico y social como para cargar con esa mochila toda una vida. Lamentablemente, este es un mal que cada día se vuelve más rutinario dada la precariedad y falta de seriedad con la que se trata el asunto. Nuestro ordenamiento legal, más allá de no contar, por supuesto, con un código legal en materia informática, lo encuadra dentro del *delito de extorsión* y explica este suceso como *"la difusión de imágenes o videos íntimos en redes sociales, servicios de mensajería instantánea y cualquier tipo de medio social donde se comparte información"*.

Claramente, la porno venganza implica la violación no solo del derecho *común*, sino de aquel derecho al que muchos consideran *derechos humanos,* como el de la injerencia en la intimidad de una persona o su familia, o el de la integridad física y psicológica de las personas, o el honor y la reputación. Sobre todo, hay que hacer hincapié cuando se trata de víctimas mujeres, donde la falta de regulación y la poca importancia que se le brinda a este tema colisiona frontalmente convenciones enteras como la de *Belém do Pará",* la que para nuestro ordenamiento jurídico tiene la facultad suficiente de encasillar en el rango constitucional.

"Las habladurías del mundo no pueden atraparnos, no, no, no..."; pienso que, si Luis A. Spinetta estuviese vivo, cada vez que cantase esta frase se cuestionaría el presente en el que nos animaron a soltar el ancla y en el que, aun así, seguimos a la deriva. Las habladurías que hoy destilan los cibernautas, en reiteradas ocasiones atrapan y destruyen hasta los más altos autoestimas, e incluso se agravan en ciertos momentos con la pérdida de alguna vida. Muchos, por no decir un alto porcentaje de individuos, se vieron hartos frente a las problemáticas de no poder encontrar una sana respuesta a sus problemas, que cuentan con el aval suficiente del ordenamiento legal, como sucede con los casos de violencia contra la mujer, o frente a compañías que dilatan la devolución o el cambio de sus productos, como también del defectuoso servicio técnico que ofrecen, por hacer referencia de unos pocos. Dentro de estos procesos, quienes resultan damnificados por estas circunstancias, terminan utilizando la red como medio de canalización de su ira y frustración ante la gravedad de la falta de respuesta que tienen tanto del sector privado como del Estado, para que los escuchen y actúen en consecuencia.

Hasta aquí no resulta extraño que se dé a conocer el mal funcionamiento del sistema por la escasa falta de estructura que presenta, pero el inconveniente no repara en estos hechos, sino que hay que cuestionarse

¿Qué sucede cuando otros individuos comienzan a hablar de temas ajenos y los toman como propios, y de esta manera rebozan los límites de la moral y la legalidad? Evidentemente, el odio, como vimos con los embellecidos psicópatas que se denominan *haters* o *trolls*, y el tomar partido en una situación desconocida se transmiten y se aferran a otros usuarios, de tal forma que, a veces, sus consecuencias llegan a ser abundantemente catastróficas.

Casos como los que comprenden el del *bullying* o el acoso, han logrado mutar hacia las plataformas digitales, como *ciberbullying* o ciberacoso, en donde suelen pasar mayormente inadvertidos por los adultos responsables, ya que la evidencia del acoso psicológico queda solapada por la falta de vigilancia que evidencian las redes sociales.

El uso de salas de chat privadas para no dejar evidencias del *bullying* o del acoso cometido, y la posibilidad de borrar los comentarios de las publicaciones que permiten decir y arrepentirse de lo dicho, son problemáticas recurrentes que existen dentro de estos tipos de fastidios cibernéticos, que importan la característica de implicar un daño recurrente y repetitivo con el fin de causar angustia emocional y preocupaciones desviándose del uso lícito de la comunicación.

Otro, que se ve camuflado en las sombras de la privacidad, es el *sexteo*, que consistió en una primera etapa en enviar mensajes a través de teléfonos móviles con contenido que hacía referencias a connotaciones sexuales, lo que claramente hoy en día ha trascendido y mutado. Ya no solo el contenido es un texto con motivos sexuales, sino que ha transgredido al nivel con la utilización imágenes y videos, y que además se ha trasladado al uso de diversos dispositivos móviles, los que puedan estar conectados a ciertas plataformas que permitan el envío y recepción de este tipo de mensajes.

En cuanto a la extorsión, muchas veces se hace presente dentro del fino límite que separa el mundo virtual del mundo físico. Algunos usuarios creen tener –al igual que con la venganza pornográfica— total libertad de recurrir a los medios digitales para extorsionar a otros con hacer públicos ciertos contenidos que podrían injuriarlos y perjudicarlos, por lo que saben muy bien que, como vimos líneas más arriba, al depositar ese contenido en la red causarán tanto daño directa e indirectamente, que los extorsionados preferirán abonar un precio por el silencio y evitar que el mundo entero pueda conocer el contenido.

Ya no hace falta decir que nos han intervenido la computadora o los dispositivos móviles, o que nos han robado datos bancarios para que podamos encontrar delitos en línea. La venganza publicando material íntimo, la difamación sin fundamentos, la extorsión y el acoso son delitos que se configuran día a día por medio de las nuevas modalidades de telecomunicación, y que la mayoría de las veces no llegan a los estrados judiciales por falta de conocimiento y de información de lo que puede hacer la víctima frente a estos inconvenientes.

Observaremos entonces que, en este siglo, hasta la modalidad de los delitos se ha transformado. Me arriesgaría a decir que nos encontramos frente a delitos que presentan características de *"delitos de exposición"*, los cuales se configuran por la exposición pública y sin consentimiento de la parte que resulta la víctima, como puede ser la porno venganza. Lo mismo puedo decir en que estamos en presencia de *"delitos de contenidos"*, en cuanto a los que los ciberdelincuentes introducen, como resulta ser el *cyberbulling*. Claramente que esto es una idea propia en cuanto a las denominaciones dadas para estos delitos modernos o adaptados al mundo digital.

Capítulo VII

UN NUEVO SERVICIO PARA UN MEJOR PORVENIR

5G: ¿UN MEJOR SERVICIO PARA UN MAYOR CONTROL?

Dentro del interior del campo de las telecomunicaciones, la denominación 5G es la sigla utilizada para referirse a la quinta generación de tecnologías de telefonía móvil, en las cuales Internet se torna aún más necesaria para la conectividad de los equipos y el progreso de las aplicaciones móviles, que nos traerá una nueva forma de comunicarnos aún más robotizada. Pudimos ir viendo que, durante la incorporación de conectividad con la cuarta tecnología, denominada 4G, se logró que el ancho de banda acapare el dominio de la comunicación para darle suma relevancia a la vida de la era del *streaming*.

Las características con las que los nuevos desarrolladores de tecnología han hecho referencia a la quinta generación, se basan en que será la encargada de generar y brindar mayor velocidad de conexión, mayor capacidad en el procesamiento de datos y mayores tiempos de respuesta en la comunicación entre dispositivos móviles. Obviamente, las distintas formas de implementación en los diversos países influirán en el propósito que tiene el desarrollo de esta tecnología, por lo que siempre habrá países a la vanguardia y otros que reciban el servicio bastante tiempo después y a paso moderado, por la falta de infraestructura y los escasos recursos económicos destinados al área de la modernización tecnológica.

Aparentemente hasta ahora, y digo esto porque es muy reciente su aparición, los rumores que circulan en línea llegan con la noticia de que la velocidad en la conexión será entre diez y veinte veces mayor a la actual con la que contamos en la cuarta generación, y que para esto además se obtendrá una disminución en la latencia, que reducirá la transferencia de los paquetes de datos, siempre dependiendo todo esto de la mano de la compañía operadora que ofrezca el producto. Por esto, conexiones de interacción como son las nubes de almacenamiento tendrán un rendimiento igualado al archivo que se encuentra dentro de la memoria del dispositivo, con lo cual vamos a ser capaces de ver en un futuro próximo que el uso de nubes será más frecuente que lo hecho hasta ahora.

El siguiente cuadro muestra las variaciones que presenta la red de la quinta generación con respecto a la cuarta y la tercera en cuanto a la conexión y la velocidad.

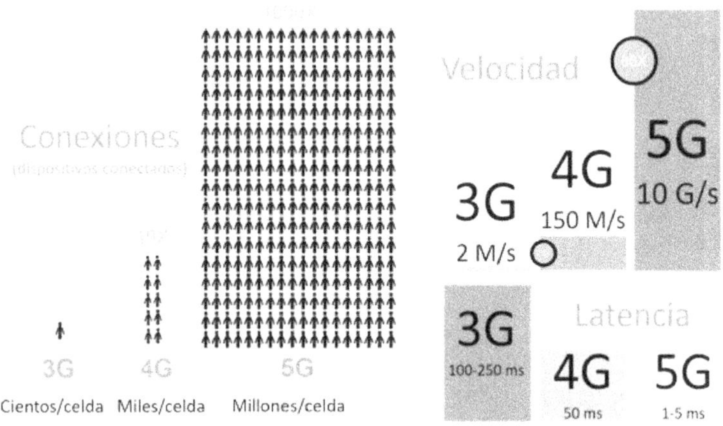

Para lograr que la nueva generación pueda contener todo este flujo de datos y lograr aumentar los caudales de las velocidades esperadas, y de esta forma mejorar la cobertura en zonas de aglomeraciones, se deberá hacer una intervención en la estructura existente de antenas que demandarán modernización y ampliación de las ya existentes, lo que implicará que algunos servicios se verán afectados, como podría ser el caso de algunos satélites que predicen el clima, o en artefactos como los televisores, y que obligará a resintonizar los equipos. Habrá que ver también si las interacciones producidas por las ondas de la quinta generación afectarán al mismo tiempo las antenas de trasmisión radial en cuanto al bloqueo e interferencia de su alcance.

Otra desventaja que se producirá y por la cual deberemos esperar a ver cómo se resuelve es que, a mayores prestaciones los equipos deberán demandar mayor flujo de datos para la trasmisión de paquetes, y lo mismo sucederá con las baterías, ya que el dispositivo necesitará mayor rendimiento.

La tecnología que implementará la quinta generación de las telecomunicaciones, más allá del desafío en acrecentar la velocidad en la transmisión y aumentar el tránsito en la ida y vuelta de los datos, será la que esté encargada de abrir las puertas a un nuevo acontecimiento en la conexión digital, interconectando diferentes equipos en un mismo instante haciendo que todo se conecte con todo. Esto será posible gracias a la ayuda de Internet, de modo que se podrá acceder desde nuestro teléfono móvil para controlar las luces o electrodomésticos inteligentes del hogar, como así también, entre otros tantos, las imágenes de las cámaras de seguridad, que llegarán al instante.

La calidad de las video llamadas se verá mejorada, al igual que lo harán también la realidad virtual, sin necesidad de conexiones mediante cables, así como la realidad aumentada. En cuanto a la salud, no hay que dejar de lado esta cuestión, que será seguramente de las más cuestionadas cuando llegue el momento, ya que la disponibilidad inmediata de la información almacenada en las nubes y el procesamiento de información dentro de las aplicaciones podrán monitorizar en tiempo real nuestro estado de salud, por lo que veremos nuevos o perfeccionados acontecimientos, como la teleasistencia o la telemedicina.

La siguiente imagen muestra las variaciones de tecnologías, desde la primera generación de las telecomunicaciones –el 1G hasta el 5G—, y cómo se fueron llevando a cabo las distintas incorporaciones de conectividad.

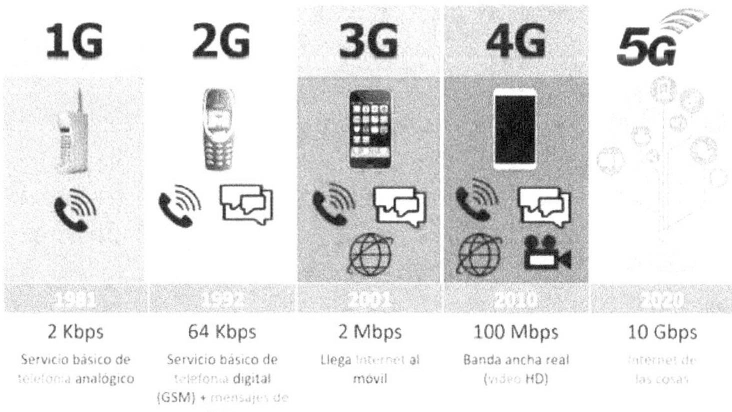

Una pregunta que sin lugar a dudas deberíamos hacernos frente a la última generación de las telecomunicaciones es la siguiente: ¿Qué tan perjudicial o dañina será la quinta generación para el ser humano?

Es claro que al ser un concepto novel y aún de una estructura inmadura, no se pueden relevar datos que nos digan si efectivamente se ha puesto en peligro o perjudicado a determinado grupo humano. En cuanto a lo supuestamente informado por la Organización Mundial de la Salud (OMS) tras un estudio socio ambiental puesto en marcha para determinar el impacto negativo de la nueva tecnología, arroja un resultado en el que se plasma que las estructuras que demandará la futura generación de las comunicaciones no presentarán impactos nocivos para la salud, al igual que lo sucedido con sus antecesoras, sino que, al contrario, al brindarle mayor autonomía a los dispositivos se reducirá el impacto de consumo energético hasta en un 90%, con el consiguiente beneficio para la vida en el planeta.

Por supuesto que no basta solamente con la reducción del uso energético, conforme a lo informado por la OMS, ya que debemos tener en cuenta otras variopintas cuestiones.

Así, existirá una mayor dependencia de los aparatos tecnológicos, lo que podrá determinar que ciertos usuarios padezcan trastornos de ansiedad no controlada. Al generar mayor dependencia tecnológica, nos encontraremos con mayores problemas de adicciones a la pulsión de estar conectados, debido a que para hacer que los artefactos funcionen correctamente se requiere cada vez estar más conectados. La ciberseguridad, de cara a la protección de la privacidad y la información personal más sensible, tomará un rol de gran envergadura durante la era del 5G, para hacer frente a los crecientes ataques cibernéticos, que se volverán aún más peligrosos, debido a la multiplicidad de dispositivos interrelacionados, lo cual generará la posibilidad de verlos vulnerados con mayor facilidad.

El trabajo también sufrirá importantes consecuencias, aún mayores de las que viene afrontando diariamente, ya que mientras avanza la tecnología, el trabajo humano se infravalora. Veremos que en el mismo escenario nos encontraremos con dispositivos que automatizarán diversas labores, que obtendrán mayor rendimiento y que dispondrán de mayor certeza de resultados de los que hoy conocemos, siendo un motivo más que evidente por el cual cada vez sea menor la necesidad de tener que incurrir en la búsqueda de mano de obra humana para ciertas tareas.

Otra cuestión que podrá afectar el trabajo dentro del ámbito de la producción será, como sucede con cada avance tecnológico, el manejo inadecuado de la nueva tecnología puesta al servicio, por lo cual se torna sumamente necesaria la capacitación constante de los trabajadores frente al avance tecno-social.

Como vemos, se avecina velozmente un nuevo modelo en el estilo de vida por ahora urbano, que requerirá aún de mayores dependencias de nuestros dispositivos electrónicos. Los quehaceres dependerán mucho menos de nuestros esfuerzos físicos.

Este avance, sin frenos y carente de soportes de educación para que todos tengan acceso al conocimiento básico de la estructura, seguirá expandiendo aún más la brecha digital, entre quienes puedan tener acceso a toda esta moderna estructura para una mejora tecnológica, que brindará seguramente una mejor calidad de vida, y aquellos otros que cada vez se encontrarán más alejados de la era digital por la carencia de recursos.

Nuestra especie atraviesa un momento de quiebre entre una estructura física, que no acompañó durante el tiempo necesario y de la cual hoy nos estamos distanciando, y un sistema digital que avanza a pasos agigantados, expandiéndose por todos nuestros ámbitos.

Nuevos conceptos relacionados con el trabajo, la educación, las telecomunicaciones y la compraventa se están moldeando frente a la estantería de este novedoso escenario. Deberemos hacer todo lo posible por evitar decir que estamos viviendo bajo la lupa de un nuevo paradigma social, que tiene como lemas *"piensa menos y consume más, nosotros moldeamos tus preferencias"*; *"habla lo que quieras, sin controles ni problemas"*; *"expone tu vida para que todos sepamos lo que haces"*; *"si no puedes acceder, quedas excluido"*.

Para lograr que esto no suceda, deberemos ser lo necesariamente precavidos y tomar conciencia de todos los reparos que hagan falta, de que Internet y las nuevas tecnologías son solo herramientas que debemos tener a disposición para alcanzar un mejor desempeño de las nuevas funciones digitales, y con esto buscar eludir los malos hábitos que toda esta invasión tecnológica pueden generar sobre nosotros mismos como individuos y como un conjunto de estos desarrollándose plenamente en sociedad.

La presencia de los Estados nacionales será de suma importancia para llevar adelante la nueva era, encauzando por el camino correcto, permitiendo que el acceso a Internet sea distribuido en forma equitativa y eficaz. De ser quienes se tomen el trabajo de adecuar y gestar las leyes que hagan falta para una convivencia fructífera entre lo humano y lo digital. Y por sobre todas las cosas, será necesaria la instrucción a todo el conjunto de ciudadanos sobre los buenos usos y las buenas prácticas de la tecnología.

La creación de organismos supranacionales y la unión de Estados que haga falta –como lo está haciendo Europa con la investigación de la inteligencia artificial— para llevar esto a su máximo esplendor, será un riesgo que muchos países deberán afrontar para incluirse en esta gestación digital.

BREVE APÉNDICE LEGAL DE SUMA RELEVANCIA

Acceso a la tecnología
Ley de Economía Digital (Reino Unido).
Ley del Mercado de las Comunicaciones (Finlandia).
Ley 27.078 Tecnologías de la Información y las Comunicaciones (Argentina).
Anteproyecto de Iniciativa de Ley General de Humanidades, Ciencias, Tecnologías e Innovación (México).

D.D.H.H. (acceso al trabajo, la educación y las telecomunicaciones)
Resolución 1/20 C.I.D.H.
Pacto Internacional de Derechos Económicos, Sociales y Culturales.
Convención Americana de Derechos Humanos.
Convención Sobre los Derechos del Niño.
Constitución Nacional.
How many children and young people have internet access at home? Unicef, 2020.
Consejo de Derechos Humanos, 32° período de sesiones, Tema 3 del programa Promoción y protección de todos los derechos humanos, civiles, políticos, económicos, sociales y culturales, incluido el derecho al desarrollo, 2016.
Foro de Gobernanza de Internet.

Monopolios
Ley Antimonopolios Sherman (EEUU).
Ley Clayton (EEUU).
Ley de la Comisión Federal de Comercio (EEUU).
Ley 27.442 Defensa de la Competencia (Argentina).
Ley 15/2007 Defensa de la Competencia (España).
Ley 89 Defensa de la Competencia (Sudáfrica) y Ley 1 de Enmienda de Ley de Defensa de la Competencia.

Ley 54 de Prohibición de los Monopolios Privados y de la Defensa del Comercio Justo.

Ley de Competencia (Estonia).

Ley Antimonopolio (China).

United States v. Google LLC, No 1:20-cv-3010 (D.D.C. Oct. 20, 2020).

El 20 de octubre de 2020 el Departamento de Justicia y 11 fiscales generales estatales presentaron una demanda civil antimonopolio contra Google LLC en el distrito de Columbia. En la misma se acusa a la empresa de mantener ilegalmente monopolios en las búsquedas realizadas en internet y buscar mercados publicitarios en violación a la Sección 2 de la Ley Sherman. Se alega que ha celebrado acuerdos de exclusividad con fabricantes de teléfonos móviles para que "Google Search" sea el motor de búsqueda predeterminado, sin la posibilidad de que sean desinstalados u otros motores puedan ser preinstalados. Asimismo se denuncia que para acceder eficientemente al mercado digital de Google (Google Store) se deberá tener en el teléfono instalado todo el paquete de apps como ser YouTube, Chrome, Gmail, etc., y que éste debe ser en posiciones preferentes. Por último, en lo que respecta a la publicidad, se la acusa de hacer participar a las plataformas que distribuyen su motor de búsqueda con los ingresos generados por la publicidad que incluyen los resultados en sus búsquedas.

La demanda aún no cuenta con sentencia firme, pero será un gran avance en materia de monopolios digitales.

"FTC V. Facebook Inc"., No 1:20-cv-03590.

Al igual que sucedió con Google, en este caso la Federal Trade Commission fue la encargada de demandar a Facebook Inc. en diciembre del 2020, alegando que la compañía está manteniendo ilegalmente su monopolio de redes sociales a través de una conducta anticompetitiva. Tras una extensa investigación y la cooperación de los fiscales generales de más de cuarenta, en la denuncia se alega que Facebook ha adquirido las redes sociales Instagram y WhatsApp imponiendo condiciones anticompetitivas a los desarrolladores de software para eliminar cualquier amenaza contra su monopolio.

No obstante en un principio, la compañía Facebook durante el curso del tiempo que existió entre el cambio de los ordenadores al celular inteligente compitió con Instagram, cuando este paradigma se asentó, sintió que su competencia era una amenaza por su innovación y repercusión. Ante estos sucesos, Facebook adquiere Instagram y la desplaza del mercado competitivo. Lo mismo sucede con WhatsApp cuando se posiciona como la empresa líder en mensajería móvil, y ante una real amenaza decide comprarla. A su vez, la acusación de imponer condiciones anticompetitivas a los desarrolladores, genera una evidente conducta monopólica.

Si bien todavía no hay una sentencia, es importante observar como este monopolio dificulta que se establezcan nuevas empresas que compitan en el mercado, ya que en algunos posibles crecimientos de otras plataformas se somenten a las condiciones que Facebook establece como es el caso de las interfaces de programación de aplicaciones (API) que permiten que las aplicaciones de de los desarrolladores interactúen con esta. En otras ocasiones ante una posible amenza como vemos, realiza una oferta inmejorable para poder adquirirlas.

Consumidores
Constitución Política de los Estados Unidos Mexicanos.
Ley 24.240 Ley de Defensa del Consumidor (Argentina).
Código Alimentario Argentino.

"G. R. N. y L. J. C. por su hija C. A. L. G. c/ Supermercados Vea y Jumbo Retail Argentina S.A. s/ ordinario".

Al igual que sucedió con Google, en este caso la Federal Trade Commission fue la encargada de demandar a Facebook Inc. en diciembre del 2020, alegando que la compañía está manteniendo ilegalmente su monopolio de redes sociales a través de una conducta anticompetitiva. Tras una extensa investigación y la cooperación de los fiscales generales de más de cuarenta, en la denuncia se alega que Facebook ha adquirido las redes sociales Instagram y WhatsApp imponiendo condiciones anticompetitivas a los desarrolladores de software para eliminar cualquier amenaza contra su monopolio.

No obstante en un principio, la compañía Facebook durante el curso del tiempo que existió entre el cambio de los ordenadores al celular inteligente compitió con Instagram, cuando este paradigma se asentó, sintió que su competencia era una amenaza por su innovación y repercusión. Ante estos sucesos, Facebook adquiere Instagram y la desplaza del mercado competitivo. Lo mismo sucede con WhatsApp cuando se posiciona como la empresa líder en mensajería móvil, y ante una real amenaza decide comprarla. A su vez, la acusación de imponer condiciones anticompetitivas a los desarrolladores, genera una evidente conducta monopólica.

Si bien todavía no hay una sentencia, es importante observar como este monopolio dificulta que se establezcan nuevas empresas que compitan en el mercado, ya que en algunos posibles crecimientos de otras plataformas se somenten a las condiciones que Facebook establece como es el caso de las interfaces de programación de aplicaciones (API) que permiten que las aplicaciones de de los desarrolladores interactúen con esta. En otras ocasiones ante una posible amenza como vemos, realiza una oferta inmejorable para poder adquirirlas.

"Vera Ruiz, Bernarda c/ GCBA y otros s/ incidente de apelación", nro. A29996-2016/1.

El 7 de Febrero de 2017 la Cámara Contencioso, Administrativo y Tributario de la Ciudad Autónoma de Buenos Aires resuelve hacer lugar a recurso de apelación interpuesto por la demandada y revocar la sentencia de grado.

En cuanto a los hechos, la actora sufre en primera medida el desalojo y posterior secuestro del puesto ambulante con el que hacía más de dos décadas se desempeñaba como vendedora de comidas y bebidas en plaza Miserere, frente a la estación de trenes de la línea Sarmiento. Si bien la actora no cuenta con el permiso habilitante correspondiente, sostiene que es el único medio de vida con el que cuenta a la edad de cincuenta y un años tanto para ella como para su hija menor de edad. Exponiendo que además su nivel educacional es sumamente precario y su condición familiar es de madre soltera.

A esto, el juzgado de primera instancia pondera que no puede desligarse del análisis las circunstancias que hacen a la fuente de ingresos con la medida cautelar peticionada. Es por eso que resuelve en fallar imponiendo que se le otorgue una nueva estructura de puesto laboral para que el desarrollo de su actividad en el mismo lugar o en caso contrario la restitución de lo secuestrado y la reinstalación correspondiente. Mientras tanto, autoriza que se le otorgue un permiso provisorio para el ejercicio de dicha actividad.

En consecuencia, el GCBA interpone el recurso de apelación agraviándose en la insuficiencia de la cautelar y la ausencia de caso judicial; la inexistencia en la verisimilitud en el derecho y de peligro en la demora; y la invasión a los art. 102 y 104 de la CCABA.

Si bien resulta acertado el criterio de la Cámara en que la justicia no puede arrogarse la facultad administrativa de ser quien debe expedir la voluntad de otorgar el certificado de habilitación correspondiente, hay dos puntos que resaltar. El primero es el que determina que la Ley 1166 es la que sanciona con prohibición de venta o comercialización de productos alimenticios en el espacio público en CABA a quien no tuviere el permiso habilitante correspondiente. Y segundo, que la ciudad cuenta con un Código de Habilitaciones que obliga a quienes tratan alimentos a realizar y aprobar el curso de Manipuladores de Alimentos.

Sin embargo, la disidencia de la Dra. Fabiana Schafrik de Núñez no es un por menor que se debe dejar pasar por alto. En ella se pondera la necesidad real de la actora a trabajar siendo ésta su única fuente de ingresos y que además tiene la función de alimentante de su hija menor. A su vez advierte la situación económica y laboral que afronta la Ciudad Autónoma de Buenos Aires respecto del incremento de la desocupación y la venta informal que en ella se desarrolla.

Este fallo resulta novedoso dado que por un lado, deja en evidencia que para la manipulación de alimentos es necesario contar con la habilitación correspondiente y a su vez se debe ser indispensable la aprobación de un curso específico. Pero por otro observando la disidencia, hay situaciones socio económicas y de falta de puestos efectivos de trabajo que conllevan la necesidad de cumplir obligaciones de mayor envergadura como resultan de este caso en referencia a la provisión de alimentos para los hijos menores. De misma forma que existen autores que ponderan ciertos derechos sobre otros y los denominan "Derechos Humanos", existen obligaciones que ponderan por sobre otras en momentos certeros.

Por otro lado habrá que cuestionarse si dentro de la red, donde el mercado de alimentos se expande día a día, existen las mismas exigencias en cuanto a las habilitaciones correspondientes y los cursos de manipulación de alimentos por parte de los encargados de ejercer el poder de policía correspondiente.

"Claps, Enrique Martín y otro c/ Mercado Libre S.A. s/ daños y perjuicios".

El 19 de noviembre de 2013 la Corte Suprema de Justicia de la Nación declara inadmisible el recurso de apelación interpuesto por la demandada, confirmando la condena a abonar a los actores la suma dineraria bajo el concepto de daño emergente y daño moral, derivados por los daños y perjuicios ocasionados.

De los hechos se desprende que los actores adquirieron de buena fe un par de entradas para un concierto llevado a cabo dentro de un estadio habilitado para tal fin y al cual se vieron imposibilitados de acceder, ya que al momento de llegar al lugar sus entradas resultaron rechazadas por el motivo de falsificación. Los actores inician acciones contra la demandada, en este caso la empresa Mercado Libre, para que se responsabilice por los daños y perjuicios ocasionados, argumentando que su plataforma digital es la que actúa de intermediaria entre el comprador y el vendedor. Alegando que además de esto, dicha empresa cobra una comisión por cada venta que se realiza, motivo más que suficiente para que sea una parte necesaria para el perfeccionamiento del contrato y responsable por las obligaciones comerciales.

La condena favorable que logran los actores, instaura la responsabilidad de las empresas que operan dentro de la red bajo la modalidad de plataformas de compra venta que cobran una comisión por cada operación de transacción que sucede dentro de ellas, haciendo de estas una parte obligada del contrato frente a los damnificados por los daños y perjuicios que puedan suscitarse.

"Gómez Maciel, Francisco José c/ Dridco S.A. s/ ordinario" (expte. nro. 4470/2014).

El 7 de marzo de 2017 la Sala B de la Cámara Nacional de Apelaciones en lo Comercial confirma la sentencia de primera instancia motivada por el Sr. Gomez Maciel.

De los hechos se desprende que el actor compró un vehículo que fuese anunciado en la página del demandado "DeMotores.com", que además de la publicidad del anuncio también se ofrecían los datos del vendedor para que los interesados tomasen contacto con éste y concreten las visitas correspondientes para la revisión del vehículo o la compra directa. El Sr. Gómez toma contacto con el vendedor y compra el vehículo en cuestión, saliendo a luz al momento de realizar la transferencia del automotor que este provenía producto de un robo.

En este caso la cámara confirma la sentencia de primera instancia que rechaza el pedido de extensión de la responsabilidad a la plataforma de anuncios, ya que del peritaje realizado surge que la página "Demotores" está funcionando como un clasificado digital de anuncios. Donde no es necesario registrarse, iniciar sesión con usuario y contraseña, y además la información del vendedor en cuanto a su nombre y teléfono es de libre acceso.

En este caso y gracias al peritaje que se llevó a cabo, se pone de manifiesto la diferencia que existe entre, una página que opera como clasificado anunciando productos y de libre acceso para la información de los vendedores y aquellas que operan como parte en los procesos de compra venta. Asimismo, excluye la responsabilidad jurídica de la página ante cualquier operación que resulte de mala fe.

"Prieto, Andrea c/ Garbarino SAICEI s/ daños y perjuicios".

El 15 de marzo de 2018 la Cámara de Apelaciones de Circuito confirma la instancia de grado sobre los daños y perjuicios ocasionados ante el incumplimiento contractual por la compraventa realizada a través de internet.

La actora había adquirido mediante internet, a través del sistema Cybermonday, una tablet que la empresa demandada se comprometía a enviar en determinado tiempo y que posteriormente este se acrecentó. Si bien la instancia inferior hace lugar al reclamo y condena al pago de los conceptos de daño material, daño moral y daño punitivo, la Cámara hace un análisis digno de tener en cuenta en ciertos puntos. Resalta que hay que tener en cuenta que la mecánica de venta fue a través de internet, sirviéndose de este sistema para incrementar sus ventas mediante promociones y descuentos; que en materia probatoria quien está en mejores condiciones de probar que una página web o correo electrónico no le pertenece o su contenido ha sido falseado debe hacerlo, no siendo admisible denegar solamente el valor probatorio; que habiéndose celebrado un contrato entre las partes, la negativa de los correos electrónicos posteriores no bastan para desestimar la responsabilidad; que la demandada no puede minimizar el daño moral sufrido por la actora, cuando el día indicado no recibió en su domicilio el producto objeto del contrato; y en cuanto al daño punitivo remarca como sostiene Zavala de González, que no es necesario que medie un factor subjetivo de atribución contra el responsable con relación al hecho perjudicial, sino que basta una conducta objetivamente descalificable desde el punto de vista social, indiferencia hacia el prójimo, abuso de una posición de privilegio.

"Lan Airlines S.A. c/ DNCI s/defensa del consumidor – Ley 24.240" resolución nro. 48-COE/2020 (Jujuy).

El 22 de diciembre de 2015 la Cámara de Apelaciones en lo Contencioso Administrativo Federal, desestima el recurso de apelación interpuesto por la aerolínea demandada confirmando de esta manera la sanción dispuesta en el art. 34 de la Ley 24.220.

La Dirección Nacional de Comercio le impuso a la demandada una multa sancionatoria por la suma de $30.000 por incumplimiento de la revocación solicitada por el consumidor de la compra de sus pasajes aéreos. A su vez, obligo a resarcir al damnificado mediante el art. 40 de la misma ley debiendo publicar dicha sanción, agregando la indemnización por daño directo ya que no surgía de las actuaciones la reparación previa.

Si bien la contraria interpone el recurso de apelación, fundándose en que no existe tal infracción y que en todo caso correspondería a otra empresa (Lan Argentina S.A.), el tribunal de alzada entiende de misma forma, que por más que ambas empresas hayan sido citadas a la audiencia prevista y en la cual la otra empresa no ha comparecido, la recurrente concurrió a la celebración de ambas audiencias sin expresar en la primera de ellas la falta legitimación pasiva. Destaca de misma forma, que no diferenciar durante el trámite sumario las diferencias entre dichas empresas resultaba administrativamente relevante y generaba confianza en la administración. Asimismo se añade a lo estipulado en el art. 34 que esto debe ser "de forma clara y notoria", trayendo a colación el art. 42 de la CN.

Lo relevante de este fallo es que se sentencia a la empresa aérea mediante disposiciones de defensa al consumidor abriendo un panorama poco claro frente al reconocimiento de la normativa aeronáutica.

Sentencia C-211-17 (Colombia).

Este fallo del derecho comparado resulta bastante novedoso y pone en evidencia las situaciones de precarización laboral que se pueden observar en toda Latinoamérica. La Corte Constitucional de Colombia se vio obligada a dirimir la controversia que resultaba del Art. 140 del Código Nacional de Policía y Convivencia donde se dispone que son comportamientos contrarios al cuidado e integridad del espacio público, aquellos que ocupan o hacen uso u ocupación de los bienes fiscales o públicos entre otros, contrariamente a los reglamentos, y el déficit laboral existente.

Si bien la Corte entiende que se encuentra comprometido el espacio público y los hechos son contrarios a la norma, ya que los vendedores ambulantes se encuentran sin habilitación y ocupando ilegalmente dicho espacio, considera que cuando se trata de personas en situaciones de debilidad manifiesta o que pertenecen a grupos que tienen especial protección y que se encuentren protegidas por el principio de legítima confianza, no cabe lugar a la aplicación de las medidas de multas, decomiso o destrucción, hasta que no se les hayan ofrecido un programa de reubicación o alternativas de trabajo formal.

El fallo resulta inquietante para tomar en cuenta que el hecho de la carencia de trabajos formales y las crisis económicas que golpean a los países latinoamericanos, son recurrentes y tienden a fluctuar por periodos recurrentes ante la falta de recursos básicos para el acceso a empleos calificados. Asimismo los derechos humanos reconocen al trabajo como un derecho fundamental para los sujetos, y que ante la falta de trabajo eficiente, digno, y efectivo, es inaudito hacer prevalecer normas del derecho tributario o de cualquier otra índole que se superponga con el derecho al trabajo. Que en reiteradas ocasiones ese trabajo informal es el único medio que presta el acceso al derecho habitacional y alimentario para el sujeto mismo o su núcleo familiar.

Publicidad
Ley 11.723 - Régimen Legal de la Propiedad Intelectual.

"Club de Derecho (Fundación Club de Derecho Argentina) c/ Volkswagen S.A. de Ahorro para Fines Determinados s/ acción colectiva abreviada", expte. nro. 9070297.

El 27 de Mayo de 2020 el Juzgado de Primera Instancia en lo Civil y Comercial n° 37 de Córdoba ordena a la demandada, mediante una medida cautelar innominada, que rectifique las publicidades presentes de todas las páginas webs, redes sociales y clasificados digitales suprimiendo las leyendas que puedan inducir en error al consumidor sobre la situación fáctica y jurídica del bien ofrecido. Debiendo publicar en un lenguaje claro la proyección de cuotas que tiene el plan, como así también el costo financiero. Se le ordena también a la demandada a que exhiba la presente acción colectiva en todas sus sucursales y puntos de ventas, mediante banners y carteles como también en todas aquellas redes sociales donde ofrece sus productos durante todo el tiempo que dure el presente proceso.

El presente exhibe una moderna visión del juzgador que se adentra más allá de los medios tradicionales de publicidad en locales, respecto de banners o carteles, obligando a que se haga público el conocimiento del inicio de esta acción dentro de las redes sociales y medios digitales que maneja la empresa para la publicidad de sus productos como también para la rectificación correspondiente dentro de estos canales.

Criptomonedas
Resolución UIF 300/14.
Ley 20.628 - Impuesto a las Ganancias.
Ley 24.144 BCRA. Carta Orgánica. Régimen General.

"Sentencia núm. 326/2019" (España).

El 20 de Junio de 2019 el Tribunal Supremo se pronuncia por primera vez sobre responsabilidad en un delito de estafa con criptomonedas Bitcoin.
El acusado actuó a través de la empresa de su titularidad "Cloudtd Trading&DEVS LTD" siendo administrador único, y a través de la página web de dicha empresa careciendo de la solvencia que aparentaba, suscribió diversos contratos de Trading de Alta Frecuencia en virtud de los cuales se comprometía a gestionar los Bitcoins que le fueron entregados en depósito por cada uno de los contratantes, debiendo reinvertir los eventuales dividendos y entregar al vencimiento del contrato las ganancias obtenidas ,a cambio de una comisión que retendría. Al momento de concertar los expresados contratos el acusado no presentaba ánimos de cumplir sus obligaciones, ya que no consta que haya realizado operación alguna ni ha devuelto tampoco cantidad alguna a los denunciantes por ningún concepto, pese a los múltiples requerimientos recibidos al efecto.
La primer Instancia condena al acusado como autor criminalmente responsable del delito continuado de estafa imponiendo la pena de dos años de prisión, e inhabilitación especial del derecho de sufragio mientras dure la pena. Asimismo establece retribuir el dinero en moneda Euro

y no en Bitcoin. Ante estas circunstancias se presentan los recursos de casación correspondientes. En cuanto al acusado se desestima el recurso, ya que existe suficiente prueba que lo incrimina como autor material del delito en cuanto a los informes entregados periódicamente sin el código de las operaciones que puede constatarse en diversos testimonios de los perjudicados, la introducción de dos interlocutores, la utilización de un correo electrónico que no fue negado hasta la instancia de juicio oral. En cuanto a la entidad Cloudtd Trading&DEVS LTD, debe hacérsela responsable ya que la presentación de simples fotocopias aludiendo que la empresa había sido disuelta, no es prueba suficiente para evadir sus responsabilidades, por lo cual se rechaza el recurso deducido. Y por último y quizás el punto más relevante a tener en cuenta, en cuanto a los perjudicados, el recurso se desestima ya que el Tribunal Superior entiende que la retribución del dinero debe hacerse en la moneda que fue depositada ya que no fueron despojados de los Bitcoins sino de Euros. Finalmente se expresa que *"se determina que el bitcoin no es sino un activo patrimonial inmaterial, en forma de unidad de cuenta definida mediante la tecnología informática y criptográfica denominada bitcoin, cuyo valor es el que cada unidad de cuenta o su porción alcance por el concierto de la oferta y la demanda en la venta que de estas unidades se realiza a través de las plataformas de trading Bitcoin. Aun cuando el precio de cada bitcoin se fija al costo del intercambio realizado, y no existe por tanto un precio mundial o único del bitcoin"*.

"P., H. M. s/ defraudación informática en concurso real con violación de secretos y de la privacidad" (Chaco, Argentina).

El 21 de noviembre de 2018 la Cámara Tercera en lo Criminal, Sala Unipersonal N° 3 de Resistencia Chaco saca a la luz una sentencia revolucionaria en el ámbito digital argentino. Se lleva a cabo la primera condena por la apropiación de criptomonedas en Argentina.

Durante los días 14 y 16 de diciembre del 2017 el condenado obtiene de manera ilícita el ingreso a las cuentas de distintos usuarios o clientes de la empresa "Mercury Cash", implementando técnicas de manipulación informática para la transferencia de 500 criptomonedas "Ethereum" valuadas al momento del hecho en la suma de 434.352,63 dolares.

Si bien para la condena no existen soportes legales informáticos debido a la carencia de un código informático, pudo sancionarse en base al art 173 del C.P. obteniendo por esto una debida pena. Otra cuestión que resulta novedosa más allá de ser el primer caso que versa en esta materia y al cual le quedan largos caminos por recorrer, es el hecho de *la apropiación de la cosa a través de su valor sin necesidad la relación material de ésta* lo que marca un nuevo sendero para el ámbito de los derechos reales.

Datos
Ley 25.326 - Ley de Protección de Datos Personales (Argentina).
Ley 13.709 - Ley General de Protección de Datos (Brasil).
Reglamento General de Protección de Datos (U.E.).
United State vs Facebook Inc. Civil Action N° 19-2184 (TJK).

En el año 2019, el gobierno de los Estados Unidos propuso un decreto de consentimiento para dar fin a los múltiples reclamos de que la empresa Facebook había violado una orden de la Federal Trade Commission (FTC) del año 2012 y la Ley de esta FTC.

Durante el 2012 la FTC encontró irregularidades sobre la compañía en violación a la Sección 5.a de la Ley de la Comisión Federal de Comercio, que se dispone a regular métodos de competencia desleales, y prácticas o actos desleales que afecten el comercio. A raíz de esto, se presentó una queja en sede administrativa y los cargos entre los cuales se acusaba a Facebook de engañar a sus usuarios sobre: la configuración de privacidad y cambios en la política de la misma; cuánto compartió la información de sus usuarios con desarrolladores de otras aplicaciones; lo mismo con anunciantes externos; los pasos seguidos para mantener la seguridad de los datos de los usuarios en cuanto a estos terceros; las imágenes o videos otorgados a terceros luego de cerrada una cuenta; y el cumplimiento de los protocolos internacionales. Si bien pudieron resolver esta cuestión y la compañía se comprometió a tomar medidas al respecto para evitar esto, las investigaciones realizadas demostraron que la protección de datos siguió siendo fraudulenta.

Ante la violación al acuerdo celebrado y la ley mencionada en el 2019, la FTC sancionó a Facebook con una multa de 5.000 millones de dólares, ya que se encontraron irregularidades sobre la manipulación de datos sencibles de millones de usuarios. Algunas de las cuestiones en tela de juicio era que se habían utilizado parte de estos para influir en las elecciones presidenciales de los Estados Unidos en 2016 y para el referéndum del Brexit el mismo año.

"CIPPEC c/ E.N. – M. O. Desarrollo Social - dto. 1172/03 s/ amparo ley 16.986".

La actora en su carácter de ONG se presenta en sede judicial solicitando que el Ministerio de Desarrollo social informe sobre los datos de planes sociales de asistencia que administra. Para ello sostiene que deben ser los datos relacionados a: padrones de beneficiarios; transferencias a otras instituciones culturales y sociales sin fines de lucro, identificando bajo el nombre correspondiente y cuál es el programa por el cual reciben este subsidio y el valor monetario del mismo. Asimismo solicita información en cuanto al alcance territorial y los funcionarios públicos intervinientes en el proceso de entrega.

El 26 de Marzo de 2014 la CSJN falla a favor de CIPPEC y reconoce la importancia de poner a disposición de la población los datos informativos que se encuentran en poder del estado. Ya que es el derecho que tiene toda persona de conocer la manera en que sus gobernantes y funcionarios se desempeñan, y eso se logra mediante el acceso a la información. Señala además que cuando se tratase de datos sensibles, aquellos relacionados con la etnia, la religión, o ideologías políticas no deberán no ser divulgados según lo establecido en Ley de Datos, pero que cuando se trata de aquella información en los que el estado contribuye efectivamente a la sociedad, la negativa a brindarlos constituye un acto ilegal que atenta contra los valores democráticos.

Finalmente la CSJN, y como novedad en cuanto al acceso a la información de los datos en manos del estado, ordena al congreso de forma urgente a dictar una ley que regule el modo en que las autoridades deben satisfacer el derecho a la información pública.

"Rodríguez, María Belén c/ Google Inc. s/ daños y perjuicios".

Se observa que de los hechos del fallo se desprende que la actora recurre a la instancia judicial en busca de una solución contra la afectación de sus derechos personalísimos motivado en las circunstancias de encontrar dentro del buscador, páginas con contenido erótico, pornográfico y/o sexual que se encontraban vinculadas con su nombre e imagen en forma de thumbnails. La demandante agrega que el buscador es responsable del contenido que figura dentro de sus motores que luego direccionan al sitio web, y que debe eliminar del mismo cada sitio en el que aparezca su foto y nombre.

El 28 de Octubre de 2014 la CSJN revoca parcialmente la sentencia de Cámara. Sostiene su mayoría que la responsabilidad de los buscadores de internet puede presentarse en casos excepcionales, y que la misma surge cuando el buscador no actúa diligentemente ante el efectivo conocimiento de la ilicitud. Dado que existe una falta de una regulación legal específica, será necesario que la comunicación provenga de autoridad competente, con excepción de casos de ilicitud manifiesta como en los hechos de pornografía infantil, datos que pongan en riesgo la seguridad, apología de la violencia, entre otros, donde solo bastará con que el damnificado curse una notificación de carácter privado a la empresa. En cuanto a la condena hacia Google fue dejada sin efecto por considerar que la conducta del buscador recopila de manera automática las fotos miniaturas (thumbnails) que permite a los usuarios acceder a las páginas donde se alojan esas fotos. Se hizo lugar advirtiendo que cada vez que se le cursó a la demandada datos precisos de páginas que vinculaban a la actora con contenidos de índole sexual, erótica o pornográfica, ésta procedió a eliminar el nombre e imagen de los buscadores respecto de esos sitios. A su vez se advirtió que resulta improcedente una tutela preventiva que obligue a la demandada a fijar filtros o bloqueos de vinculaciones a futuro, pero que mediante el recurso de nuevas tecnologías empleadas disponibles, los buscadores deberán adoptar medidas necesarias para evitar daños futuros.

Resulta una resolución que asienta los criterios de minimizar la responsabilidad de los buscadores en cuanto a su función que no es ni más ni menos, que la de recopilar páginas webs con el fin de que el usuario pueda obtener varios resultados en su búsqueda. Asimismo da la posibilidad al sujeto usuario de denunciar los hechos que afecten sus derechos con respecto al contenido que pueda resultar de su búsqueda que se vinculen con sitios inapropiados, y que el mismo buscador pueda eliminar ese contenido perjudicial.

Inteligencia artificial
Comisión Europea (2020). "Libro blanco sobre la inteligencia artificial. Un enfoque europeo orientado a la excelencia y la confianza". COM/2020/65 final/2.
Comisión Europea (2018). "Comunicación de la Comisión al Parlamento Europeo, al Consejo Europeo, al Consejo, al Comité Económico y Social Europeo y al Comité de las Regiones, Plan coordinado sobre la inteligencia artificial". COM/2018795 final.

Comisión Europea (2018). "Comunicación de la Comisión al Parlamento Europeo, al Consejo Europeo, al Consejo, al Comité Económico y Social Europeo y al Comité de las Regiones, Inteligencia artificial para Europa". COM/2018/137 final.

Grupo independiente de expertos de alto nivel sobre inteligencia artificial (2019). "Directrices éticas para una I.A. fiable".

Fake news

Ley NetzDG (Alemania).

Ley 2.220.292 (Marruecos y Sahara Occidental).

Ley 1042 - Ley Especial de Ciberdelitos (Nicaragua).

Código Penal Argentino.

Código Penal Español.

PL 2630/2020 - Ley brasileña de Libertad, Responsabilidad y Transparencia.

Proyecto Modifica el Código Penal para tipificar como delito la difusión de noticias falsas que perturben el orden social o causen pánico en la población. Boletín N° 13383-07 (Chile).

NODIO (Argentina).

" C., E. s/ medida cautelar", Sentencia del 16 de junio de 2020, Cámara Nacional de Apelaciones en lo Civil y Comercial Federal, Argentina.

La medida llega a Cámara por el hecho de que la juzgadora de la instancia inferior no hizo lugar a la solicitud de parte, de dejar sin efecto la ampliación de la medida dispuesta en perjuicio del buscador. La instancia de grado dictó sentencia ordenando que Google retirara de sus resultados de búsqueda todas las noticias referentes a la detención de E.S. (hijo de C.E.) por tratarse de una Fake News o noticia falsa, detallando los URL donde se encontraban indexados.

Si bien ordena extensiva la medida a la dirección Google.com y Google.mx, los representantes de la compañía argumentan en la instancia superior que interferir en los dominios extranjeros implicaría interferir en el derecho y decisiones de otras naciones. La cámara recepta lo expuesto y convalida los dichos sosteniendo que, se pondría en riesgo el principio de territorialidad al tomar atribuciones legales que no le competen convalidando un quebrantamiento del marco legal en los países que la orden fuera impartida. Por otro lado señala una cuestión de suma relevancia expresando que, podrían otorgar a un magistrado la potestad de decidir sobre los contenidos que pueden ser hallados y leídos en internet por los habitantes de todo el mundo. Es por esto que sentencia revocando la medida ampliatoria dispuesta.

Un fallo enriquecedor en cuanto a la delimitación territorial de los alcances del contenido alojado en la red y en cuanto a la abstención de los magistrados para saber los límites en los que pueden hacer extensibles sus condenas.

"T. P. S. c/ F. E. G. y otros s/ daños y perjuicios", Cámara Nacional de Apelaciones en lo Civil, Sala G, Argentina.

En este caso, el 10 de agosto del 2020 la Cámara Nacional de Apelaciones en lo Civil procede a revocar la sentencia de primera instancia y hace lugar a la reparación de los daños y perjuicios derivados de la publicación de una Fake News o noticia falsa. En esta se mostraba al reclamante como una persona violenta con su pareja bajo las afirmaciones calumniosas o difamatorias sin justificación por parte del demandado.

Se basa en que la regla jurisprudencial del uso del modo potencial se sostiene en otorgar protección a quien se ha referido limitándose a lo que puede ser o no, no para aquellos casos donde el demandado obra afirmando o dando por cierta alguna cosa. No solo se alude al tiempo verbal empleado, sino al sentido completo del discurso. Si bien la libertad de expresión tiene un reconocimiento especial a través de la Constitución Nacional, el ejercicio del derecho al honor debe ser cuidado de no alterarse procurando armonizar ambos derechos al mismo tiempo.

La novedad que presenta el fallo, es el análisis en cuanto a que, pondera y deja bien clara su postura sobre la libertad de expresión como un derecho elemental reconocido dentro de la norma máxima del ordenamiento jurídico. Entendiendo a su vez, que hay derechos fundamentales con el mismo rango legal que se podrían ver afectados si ante ese derecho de libertad de expresión, las noticias difundidas por los medios de comunicación no presenta atenuaciones y verifican su real contenido.

Libertad de expresión

Declaración Conjunta sobre Libertad de Expresión e Internet, OEA, 2011.
Constitución de la Nación Argentina.
Iniciativa con proyecto de Decreto por el que se reforman y adicionan

diversas disposiciones de la Ley Federal de Telecomunicaciones y Radiodifusión, Senador Ricardo Monreal Ávila, México, 2021.

"Sujarchuk, Ariel Bernardo c/ Warley, Jorge Alberto s/ daños y perjuicios".

El 1 de agosto de 2013 la CSJN rechaza la demanda mediante la cual se pretendía obtener una reparación por daños y perjuicios a raíz de la información que el demandado reproduce en su sitio web.

Se observa en los hechos que el demandando, lleva a cabo la reproducción en su blog personal de un documento escrita por otro sujeto confirmando la fuente, en la que se enmarca como "siniestro" al Subsecretario de Relaciones Institucionales de Comunicación de la Universidad de Buenos Aires, quien inicia el presente expediente.

Se analiza entonces la distinción entre una opinión y un insulto, donde se desprende que la primera es libre y no genera responsabilidad ya que no es susceptible de afectar el honor del funcionario, y que no ocurre lo mismo con los insultos, afirmaciones o calificativos vejatorios. Por esto los camaristas deciden hacer lugar y sentenciar con la reparación de daños y perjuicios.

Ahora bien, cuando el recurso llega a la CSJN esto difiere y toma otro rumbo. La Corte se analiza la cuestión de fondo y sostiene que las críticas efectuadas a magistrados publicadas por la prensa sobre el desempeño de sus funciones, aún cuando se encuentren tonos agresivos, con dureza con expresiones hostiles o irritantes y siempre que se mantenga dentro de los límites de la buena fe, no deberán ser sancionadas.

Si bien el actor inicia una acción contra el responsable del blog, este toma su contenido y lo transcribe textualmente atribuyéndolo al delegado general de la comisión gremial interna (APUBA), siendo una fuente que fue comprobada indicándose las páginas webs donde se encontraban.

Puede observarse que la reproducción, provenía textualmente de otra publicación en la que si bien podrían existir palabras hostiles, estas no traspasaban la frontera de la buena fe hacia las críticas sobre desempeño de un funcionario público.

"R. A. J. c/ Facebook Argentina SRL s/ amparo".

El 18 de junio de 2020 la Cámara Federal de Apelaciones de La Plata, desestimó la acción de amparo interpuesta por el actor.

De los hechos se observa que el actor solicita que la red social Facebook bloquee los enlaces de las páginas en donde se lo involucra en una serie de de supuestas conductas machistas, de abuso psicológico manipulación entre otras con respecto a una relación sentimental con una mujer. Por lo que el actor considera que dicho contenido era lesivo para su honor, imagen e intimidad. Un dato no menor para la causa y que se puede observar, es que el actor también es un activista de la defensa de estos actos de violencia tanto dentro como fuera de la red.

El tribunal admite la defensa de Facebook y sostiene que los hechos del caso pertenecen a la esfera privada y su difusión constituye una intromisión indebida. Sin embargo, sorprende con un análisis que resulta bastante novedoso. Arriba a la solución contraria ya que pondera que la publicación se hace cargo de un asunto de interés público protegido por garantías constitucionales impidiendo su eliminación detallando que existen tres circunstancias a tener en cuenta. Los sujetos intervinientes; el ámbito donde se discute y; el tema que involucra.

Sostiene que el actor es además de su calidad de estudiante, un militante social auto definido por el mismo en apoyo a activo a las ideologías feministas. Por lo que resulta un actor de la vida política universitaria que hizo público su compromiso con ciertas ideas. A esto, se le suma que debe observarse la publicación en su conjunto impidiendo la fragmentación de las expresiones consideradas aisladamente para la protección legal. Que no puede desconocerse que los calificativos importan un contenido injuriante, pero ese propósito no se deriva de la publicación sino que hay un discurso de denuncia política y no de descalificación personal. Y por último advierte que la libertad de expresión manifestada como juicio crítico o como opinión, goza de protección constitucional prevalente frente al derecho al honor y la reputación personal siempre que se inserte en una cuestión de relevancia o interés público y/o se refiera al desempeño público o conducta de un funcionario o figura pública en relación a su actividad pública.

Resulta novedoso y acertado, resaltar los tres supuestos que argumenta el tribunal para que de esta forma se pueda distinguir cuando una figura pública es cuestionada en el ámbito de internet; bajo que contexto que se encuentran los hechos y; en qué momento surte efectos la ponderación del derecho de libertad de expresión.

"GM-Bombas vs Felipe Tabilo Hormazabal" (Santiago, Chile).

El 5 de junio de 2020 la Novena Sala de la Corte de Santiago de Chile dictamina sobre la conducta ilegal y arbitraria del demandado expuesta en redes sociales contra el actor.

Los hechos se desarrollan luego de que el padre del demandado es desvinculado de su puesto de trabajo, lo que lo motiva al hijo a publicar en sus redes sociales de Facebook e Instagram un relato que expone insultos hacia los recurrentes y además convoca a la violencia y al repudio mediante la denominación de "funarlos". Para esto, el demandado se encarga de divulgar el nombre de la empresa, sus dueños, su dirección y hasta publica una foto de la fachada de la misma.

La Corte entiende que si bien la libertad de expresión es un derecho que los ciudadanos tienen protegidos y ha sido fundamental para el desarrollo del ciber espacio, puede entrar en conflicto con otros derechos como el derecho al buen nombre. Por lo pronto, la libertad de expresión entonces se ve limitada por el derecho al buen nombre a quienes van dirigidas las expresiones de ofensa pública que se vertieron en la red social. Que estas consideraciones resultan aplicables a la realidad de las personas jurídicas, que también son titulares de acción constitucional. Por todo esto la Corte sostiene que, la conducta desplegada es ilegal y arbitraria, ya que se observa que se ha querido optar por recurrir a la autotutela con las expresiones denostadoras en cuanto al manejo de la compañía y sus trabajadores, cuyas discrepancias deben ser atendidas por las vías correspondientes propuestas por el legislador. Finalmente la Corte ordena al demandado a que los dichos expuestos, deben ser retirados de las redes sociales y abstenerse de realizar otras nuevas concernientes a la actora.

Cuestiones penales del siglo XXI
Anteproyecto de Reforma del Código Penal.
Proyecto de ley 407 (Texas, EE.UU).
Convención Interamericana para Prevenir, Sancionar y Erradicar la Violencia contra las Mujeres.
Ley de Comunicaciones 2003 – Sección 127 (UK).

"Sentencia Tribunal Supremo 377/2018" (España).

El 23 de Julio de 2018 el Tribunal Supremo confirmó 22 años de prisión para el imputado en autos, resultando 20 años de prisión efectiva.

La motivación de la presente causa se origina en un caso de sexteo y sextorsion en donde el imputado tenía el modus operandi de infectar las computadoras de sus víctimas permitiendo el acceso a sus contenidos, captando imágenes y videos con el fin de comprometer a sus víctimas si estos se divulgasen. Para lograr llevar a cabo la imputación, se observa que al contar con estas imágenes y videos el autor se sitúa en una posición de superioridad virtual. Al mismo tiempo se pone de manifiesto que este, chantajeaba a sus víctimas para mantener sexo virtual donde ellas se denudaban, masturbaban, e introducían dedos y objetos por la vagina con el fin de que no salieran a la luz el material que poseía el imputado. Finalmente y ante la comprobación de estos hechos se lo sentencia por el delito de abuso sexual online en base al art. 181 inc. 1 y 3, 182 inc. 1; un delito contra la intimidad por el art. 197 inc. 1 y 5; y un delito de amenazas del art. 171.1 entre otros, del Código Penal Español.

"Miller v. Mitchell 598, F 3d 139" (EE.UU).

En el caso en cuestión, los funcionarios de una escuela descubrieron que sus alumnos varones intercambiaban fotos desnudas o semidesnudas de estudiantes a través de sus teléfonos. Después de esto, confiscaron los dispositivos y recurrieron a entregarlo al fiscal del distrito. Acto seguido, el fiscal propuso procesar a las estudiantes por producir material pornográfico infantil con la salvedad de que estas asistan a un curso de educación que requería un informe escrito cuestionando porque sus acciones estaban mal y lo que significa ser una niña en la sociedad actual. Los padres ante estas circunstancias en representación de sus hijos, entablaron una demanda para bloquear los cargos penales. La demanda se fundó en que los cargos interferían con el derecho de los alumnos a ser fotografiados, el derecho a no hablar y el derecho de los mismos padres a dirigir la educación de sus hijos. Ante estos argumentos, el tribunal inferior otorgó la orden judicial de los estudiantes fallando a favor y el tribunal superior confirmó esa decisión.

El Tribunal para tomar esta determinación distinguió el papel del Fiscal de Distrito del de un funcionario de escuela pública, al evaluar que los dichos de los padres sobre que el programa requerido de moralidad y roles de género violaban los derechos de crianza y educación de sus hijos. De esta forma, expresa que hubiese sido distinto si la medida la hubiere tomado la institución educativa.

"Paul Chambers v DPP [2012] EWHC 2157" (UK).

Paul Chambers quien se encuentra por tomar un vuelo, se entera de que el aeropuerto de Robin Hook se hallaba cerrado a causa de una nevada, y eso lo motiva a realizar una serie de publicaciones en la red social Twitter contra esta situación. Dentro del contenido publicado, se encontraban frases que podían llegar a dar indicios sobre una posible amenaza ya que este había twiteado "Crap, Robin Hood airport is closed. You've got a week and bit to get your shit together otherwise i'm blowing the airport sky high", aunque desde otra perspectiva podían resultar algo cómicos. Si bien el hecho no suscita ningún inconveniente, días más tarde cuando el responsable del aeropuerto observa las publicaciones que se refieren a este espacio, encuentra los comentarios de Chambers y denuncia los mismos ante la policía.

Si bien el acusado fue acusado de enviar un mensaje de características amenazadoras en contravención del art 127 de la Ley de Comunicaciones, el Tribunal Superior de Justicia entiende, que el hecho de escribir simples comentarios dentro de las redes sociales no son motivo suficiente para tomar en cuenta que quien lo hace tiene como fin provocar una situación de violencia y debe ser injustamente detenido. Remarca también que aunque el mensaje sea una broma de mal gusto, no encuadra en las características necesarias de amenaza, sino de ser un simple mensaje de broma. Además analiza el comportamiento de la interacción en respuesta al mensaje con los usuarios y sienta su postura respecto a sostener que Twitter es una red pública de comunicaciones electrónicas, en cuanto a los destinatarios del mensaje es el público en general.

Es importante el argumento brindado para desestimar la denuncia, ya que repara en el hilo conductor que el acusado había escrito dentro de la red social y ante la situación en la que se encontraba. Analiza el aspecto de la red social y la interacción de la comunicación entre el público. Logra sacar a la luz la calidez de un mensaje dirigido al público en general y la diferencia de un mensaje dirigido a un sujeto determinado, lo que logra evidenciar cuando un dicho puede ser una amenaza o no.

"United State v Paul R. Hansmeier, 8th United States Circuit Court of Appeals, N° 19-2386" (EE.UU).

Este quizás sea uno de los fallos más polémicos de la era de internet, y que expone los delitos y el actuar que dentro de la red se puede encontrar por parte de organizaciones criminales. El acusado recibió una pena de 14 años de prisión y la obligación de resarcimiento a sus víctimas, por el valor de 1.5 millones de dólares tras el daño causado.

En los hechos se relata que el acusado consiguió los derechos de autor de ciertos videos pornográficos, y su vez creó compañías fantasmas para producirlos. Este junto a su socio, se encargaba de obtener el material y subirlo a sitios de intercambio de archivos, por lo que una vez que lograban que estos se descargaran de manera ilegal, recurrían a los proveedores de servicios para conocer la identidad de quienes eran esos sujetos que los habían bajado. Al obtener dicha información se los extorsionaba para que sus nombres no sean vinculados a imágenes pornográficas y con la piratería, armando para esto una firma de abogados denominada "Prenda Law" donde se llevaban a cabo los acuerdos extrajudiciales. Ante estos hechos, y habiendo observado la sentencia de instancia inferior, el tribunal de apelaciones no cabe dudas de los ilícitos cometidos y confirma la condena.

5G (quinta generación)
Proyecto Ley de Ciberseguridad 5G (España).
Ley de Inteligencia Nacional (China).

FUENTES Y BIBLIOGRAFÍA

https://www.bbc.com/mundo/noticias-47538812

http://www3.gobiernodecanarias.org/aciisi/cienciasmc/web/biografias/vinton_cerf.html

https://www.profesionalreview.com/2020/03/21/protocolo-tcp-ip/

https://www.cibercrimen.org.ar/2020/05/11/internet-en-corea-del-norte-donde-la-libre-expresion-no-existe/

https://www.un.org/es/observances/telecommunication-day

https://www.aui.es/

https://www.indec.gob.ar/indec/web/Institucional-Indec-InformesTecnicos-153

https://www.instagram.com/terms/accept/?hl=es

https://www.mercadolibre.com.ar/ayuda/terminos-y-condiciones-de-uso_991

https://www.whatsapp.com/legal/?lang=es

https://es-es.facebook.com/legal/terms

https://twitter.com/es/tos

https://snap.com/es-AR/terms

https://policies.google.com/terms?hl=es

https://www.youtube.com/static?template=terms&hl=es&gl=ES

https://www.spotify.com/sv/legal/end-user-agreement/

https://cnnespanol.cnn.com/2011/06/09/el-acceso-a-internet-un-derecho-humano-segun-la-onu/

https://www.enter.co/cultura-digital/ciudadinteligente/canada-dice-que-internet-de-alta-velocidad-es-un-servicio-esencial/

https://diariolateral.com.ar/que-paises-declararon-internet-como-un-servicio-publico/

https://www.whitehouse.gov/about-the-white-house/our-government/the-constitution/

https://www.archives.gov/founding-docs/bill-of-rights-transcript

https://www.un.org/es/about-us/universal-declaration-of-human-rights

https://www.un.org/es/our-work/protect-human-rights

https://www.palermo.edu/cele/pdf/Regulaciones/CostaRica8642eyGraldeTelecomunicaciones(2008).pdf

https://www.businessinsider.es/estas-son-mayores-adquisiciones-hechas-google-fecha-246592

https://cincodias.elpais.com/cincodias/2019/06/06/companias/1559835334_678726.html#:~:text=La%20compa%C3%B1%C3%ADa%20ha%20anunciado%20este,unos%20 2.303%20millones%20de%20euros

https://cnnespanol.cnn.com/2014/03/26/zuckerberg-va-de-compras-las-10-principales-adquisiciones-de-facebook/

https://mercadodatos.com/

City Come A-Walking – John Shirley

Del derecho a la Protección de los Consumidores y a su Organización, Adriana labardini inzunza, instituto de investigaciones jurídicas, suprema corte de justicia de la nación, fundación Konrad Adenauer.

https://www.hootsuite.com/

https://www.globalwebindex.com/

https://www.internauta.org.ar/

https://www.cronista.com/apertura-negocio/empresas/mercado-libre-el-numero-1-de-la-compania-confiesa-cuales-son-sus-ambiciosos-planes-para-el-pais-este-ano/

https://eleconomista.com.ar/2020-09-mercado-libre-correos-brasil/

https://www.larepublica.co/finanzas/mercado-libre-y-taxia-life-se-aliaron-para-incorporar-pagos-de-codigos-qr-en-taxis-3147310

https://www.america-retail.com/argentina/todo-lo-que-puedes-financiar-con-mercado-pago/

https://www.iproup.com/finanzas/16675-historia-de-bitcoin-como-y-quien-creo-la-moneda-digital

https://bitcoin.org/es/faq

https://www.abc.es/tecnologia/redes/abci-bitcoin-moneda-cibercriminales-201706021218_noticia.html

https://es.cointelegraph.com/news/bitcoin-activity-on-the-dark-web-grew-by-65-in-q1-2020-says-study

Deep and Dark Web & Cryptocurrency Cibercrimen - Desafíos de la Investigación, Ezequiel M. Sallis Area de Cibercrimen Policia Metropolitana: https://campus.mpba.gov.ar/theme/cec/correo/160612_Deep_Web.pdf

https://www.dw.com/es/enlaces-ventana-abierta-al-mundo-digital/av-56058622

https://www.muyinteresante.es/tecnologia/fotos/historia-del-telefono-movil/j#:~:text=El%20punto%20de%20inflexi%C3%B3n%20en,creaci%C3%B3n%20del%20Iphone%20en%202007.&text=A%20partir%20de%202010%20los,los%20gustos%2C%20abarrotan%20el%20mercado.

https://www.infobae.com/economia/finanzas-y-negocios/2018/03/12/chau-billetes-como-funcionan-los-pagos-qr-desde-el-movil-una-tendencia-que-este-ano-ya-tendran-1-millon-de-usuarios/

www.cace.org.ar

http://www.anmat.gov.ar/webanmat/normativas_alimentos.asp

https://www.linkedin.com/in/davidbeisel

https://nextviewventures.com/team/david-beisel/

https://www.hebergementwebs.com/alojamiento-web/el-comercio-social-aumento-las-ventas-a-traves-de-las-redes-sociales

https://lifestreamblog.com/tag/steve-rubel/

https://www.mdmarketingdigital.com/que-es-el-marketing-digital

https://www.wearecontent.com/marketing-de-contenidos/que-es-marketing-de-contenidos#:~:text=%E2%80%9CUna%20t%C3%A9cnica%20de%20marketing%20digital,acci%C3%B3n%20rentable%20de%20los%20clientes%E2%80%9D.

United States v. Google LLC, No 1:20-cv-3010 (D.D.C. Oct. 20, 2020)

FTC V. Facebook Inc., No 1:20-cv-03590

United State vs Facebook Inc. Civil Action N° 19-2184 (TJK)

https://www.lanacion.com.ar/tecnologia/la-uba-tendra-nueva-carrera-licenciatura-ciencia-nid2440759/

https://www.davincisurgery.com/

https://www.thetechnolawgist.com/2019/06/12/estonia-se-prepara-para-tener-jueces-robot-basados-en-inteligencia-artificial/

https://www.thetechnolawgist.com/2019/12/13/china-el-monstruo-mundial-en-inteligencia-artificial-que-utiliza-cientos-de-jueces-robot/

https://www.bostondynamics.com/

https://www.aljazeera.com/programmes/newsfeed/2020/05/robot-dog-enforces-physical-distancing-rules-200519091727407.html

https://lab.elmundo.es/inteligencia-artificial/salud.html

https://www.bbc.com/mundo/noticias/2016/02/160202_microsoft_centro_datos_debajo_agua_mar_subamino_all

https://www.nationalgeographic.com.es/ciencia/actualidad/futuro-coches-autonomos-y-conectados_13619

https://elpais.com/tecnologia/2020/01/14/actualidad/1578992141_406910.html

https://adefinitivas.com/arbol-del-derecho/nuevas-tecnologias/
inteligencia-artificial-en-china/

http://www.saij.gob.ar/guillermo-argerich-hacia-determinismo-
arbitral-inteligencia-artificial-toma-decisiones-dacf200024-
2020-02-14/123456789-0abc-defg4200-02fcanirtcod-
?&o=22&f=T otal%7CFecha%7CEstado%20de%20
Vigencia%5B5%2C1%5D%7CTema/Derecho%20